從最初的甜蜜到最後的孤寂,「過來人」細訴如何在愛裡找回自己

當愛已走到盡頭

時曼娟 著

別在回憶中尋找出口

| 細膩的人生故事 |
| 深入的人性觀察 |

去思考、去感受、敢追求,珍惜生命中的每一段感情

緣起緣滅
想見最好還是
別見

目錄

序言　致幸福的自己

第一輯　相愛都有證據的，我們是否還在愛著

　　01. 杜十娘愛上許仙……………………………012
　　02. 回到哭與回到笑……………………………019
　　03. 愛我就帶我到山頂…………………………024
　　04. 愛的躲避球症………………………………029
　　05. 一不小心就愛上了你………………………034
　　06. 做朋友只是延續的藉口……………………040
　　07. 到最後一個人傷心…………………………045
　　08. 我們愛過就好………………………………050

第二輯　尋覓舊時光，裡面有滿滿的愛

　　01. 你才剛開始，我卻已結束…………………058
　　02. 想要的與能給的……………………………064
　　03. 忘記你做得到………………………………068
　　04. 愛人禮物相對論……………………………077
　　05. 我就要這穩穩的幸福………………………082

003

目 錄

06. 那些深情的誘惑……………………………088
07. 都想要先生與只想要小姐……………………093
08. 如果兩個人一生就是笛卡兒…………………098

第三輯　轉身遇到他，揭穿需要的人生

01. 當愛變成敷衍……………………………………104
02. 有一種分手叫做過往……………………………109
03. 往事隨風情已過隙………………………………113
04. 因為她愛上她……………………………………118
05. 愛情裡的繫船柱…………………………………125
06. 易相信與慣說謊…………………………………129
07. 我不是你的阿尼姆斯……………………………135
08. 再也回不去的舊時光……………………………143

第四輯　不只是過來人，眾裡嫣然通一顧

01. 分手日子裡的成人禮……………………………150
02. 女人的好色與男人的色迷………………………156
03. 相信星座的人都怎麼了…………………………162
04. 愛讓我們單身赴約………………………………167
05. 「潦倒」先生的愛情……………………………173
06. 戀愛裡的他誰最大………………………………178

07. 當一匹狼愛上一群羊……………………………………183

08. 暗戀者是一隻菲尼克斯……………………………………189

第五輯　只是太愛，才有了昨天的結果

01. 你的愛包含了另一個人的傷心……………………………200

02.「皮膚飢渴症」進行曲……………………………………206

03. 遭遇「留不住」小姐………………………………………213

04. 只是太愛了…………………………………………………219

05. 想見最好還是別見…………………………………………225

06. 印象派愛情片段……………………………………………233

07. 想念卻不能見的人…………………………………………240

08. 每個人都是愛自己的人……………………………………245

目錄

序言　致幸福的自己

　　我去過一些地方，那裡只有山和水，以及一扁舟。

　　舟上坐著兩個人，一個是我，一個是過來人。

　　我問自己——

　　為什麼心境那麼的累？

　　為什麼看不清自己？

　　為什麼願意來到這窮鄉僻壤？

　　……

　　看著水裡的倒影，陷入沉思。我們何時可曾靜下心看看水底倒影中的自己，期望能讓時光回溯，可能沒有過，可能忽略了。但，生活不應該是這樣，人生不應該迷茫，生命——對，就是生命，它應該更堅強、執著、智慧、反思……

　　所以，我感謝那些窮鄉僻壤，感謝大自然的恩賜，它是寧靜、祥和之地，這樣的地方給予我重振、明睿的力量，促使我們發現過往歲月裡隱藏的智慧。

　　可是我還要說——

　　每個人都是過來人，但，這並不意味著每個人都可以成為一名合格的過來人；

序言　致幸福的自己

　　過來人是過往的人，同時，過來人是過去活著，現在同樣活著的人；

　　過來人是有故事的人，並且，過來人是那個曾經讓某些人刻骨銘心的人；

　　……

　　基於對過來人的敬佩，我帶著一顆虔誠的心回到寫作的小屋。我寫過來人，不為別的，只因過來人會告訴我們很多不知的祕密，這些祕密就像人生中的基石，它簇擁著我們不斷的前行，直到回歸生命的本質，然後幸福地活在當下。我特別喜歡聽陳奕迅的那首歌——〈穩穩的幸福〉，他用低沉深情的聲音吟唱著幸福的真諦，告訴我們幸福是什麼樣的感覺。

　　動筆寫下序言的時候，我就在想，它絕不是終結，我仍期望著這樣的作品還可以延續下去。因為，在的我周圍，還有很多過來人，有更多值得寫的故事。因為，這個世界的各個角落都有即將成為過來人的人。就像古龍寫「過來人」一樣，他們有自己的江湖，有自己的愁、恨、痴、纏。

　　「桃花紅了春無在，獨殤憶年痴又纏。落葉飛絮冬棄愁，只恨予己不是秋」。這是對過往殤慟的沉思，但卻未能找到出路。所以，我們需要的不僅是思索，而是找到內心情緒的出路。因為，過往太重要了，沒有對過往的反思，找到那些屬於人生的芥蒂，正視它，並在最後從中擷取更好的閱歷且活在當下，就無法累積謀劃幸福未來的動力和智慧。

　　過來人，活在當下的人，有勇氣和智慧開創美好未來的人；那些瘋狂、落寞、孤寂、落單、痛楚、歡笑、淚水……的歲月，是勿忘歲月的「極品歷史」，是青春「犯傻」的深切緬懷。更重要的是，我們都是屬於有故事，有豐富閱歷的人，那──還有什麼理由能阻擋我們不亂腳步，不荒流年？

　　感謝那些願意為我寫作提供豐富素材的過來人，沒有你們樂意、真誠的分享，我不可能完成此書。感謝許多人的悉心付出，讓這本書以溫馨、從容、淡定、素雅的姿態呈現給讀者。

　　謹以此書，獻給那些讓我們又愛又恨的歲月，還有故事裡的你、我、他。

　　是為序。

序言　致幸福的自己

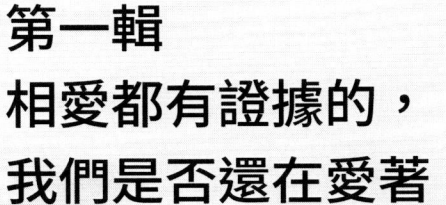

第一輯
相愛都有證據的,
我們是否還在愛著

第一輯 相愛都有證據的，我們是否還在愛著

01. 杜十娘愛上許仙

好人的好，壞人的壞，在一起，或分離，我們都無法左右。因為，杜十娘時時有，許仙也不缺。

安雅說，杜十娘會愛上許仙。我打死也不信。

她還說，只有好人才會寢食難安，壞人都睡得「美滋滋」的。我搖頭，表示疑惑。

後來，安雅補充說，這都是一個好人安慰另一個好人時說的話。我聽後，覺得有些惆悵，其實，這世上哪能一竿子打死所謂的「壞人」呢？事情的真相是，很多人都不夠愛自己或者不把自己當回事罷了。

的確是這樣，我們沒有必要去定義什麼是壞人，可以多去了解什麼是好人。況且，就算我們念念不忘的那個壞人，不也曾經對你很好嗎？否則，你早把他拋到九霄雲外去了，哪還能像唸經一樣嘮嘮叨叨地把他掛在嘴邊，數落他的壞？

即使這樣說，肯定有人會固執地反對。那，不妨來討論一下讓我們不能忘懷、無法在心中丟棄的壞人。首先，他絕對不是十惡不赦之人，若是，直接與之劃清界線。其次，他也不可能是犯罪嫌疑人，因為，這不在本文討論範疇，就算是，也自有他該去的地方。他在這裡所謂的壞，只不過是在某一段時間、某一件事上讓你難受了，但他又不是發自心底這樣做，他

01. 杜十娘愛上許仙

們不過是在不應該的當下，占據了對好人而言很在乎的東西而已；而且他還不以為然的覺得這很平常，或認為理所當然。比如，金錢、真誠的感情、物質，在乎別人、以及功名等等。

以上所說的，絕不是我要為被稱之為「壞人」的人辯護，我也不可能當他們的律師。但他們這樣的人的確存在。比如在一段關係中、友情、愛情、同事之情……

在兩人感情交往中，不夠愛的那個人是很容易轉變成壞人的。而好人呢？因為太好，包容體諒、掏心掏肺……結果縱容出對方一個又一個的壞人行徑和脾氣，比如傲嬌跋扈、自私自利、見利忘義、甚至出軌……

所以說，哪能一竿子就打死所謂的「壞人」。好人越好，越對那個他一個勁地施好，那個他成為壞人的可能性就越大。這就叫做好心辦壞事。

那——許仙是壞人嗎？是的，他是壞人，他是負心郎，他老婆白素貞美豔動人，不僅對許仙痴情還是一個少見的多情種；而許仙呢，一個讓老婆心甘情願地為他生、為他死、為他而戰鬥的人，居然一事無成，還把老婆給出賣了，他當然是壞人。

至於杜十娘是好人嗎？她是好人。她曾為青樓女子，深受欺壓卻堅貞不屈，為擺脫逆境而頑強掙扎，將全部希望寄託於紹興府富家公子李甲身上，她有錯嗎？沒有，她就是一個大好人，不幸遇到一個沒有擔當的李甲。李甲既「迷戀十娘顏色」，又「懼怕老爺，不敢應承」，這個紈褲子弟壞透了。有時我在

013

第一輯　相愛都有證據的，我們是否還在愛著

想，如果杜十娘愛上許仙會怎樣？因為大多數人都是在頌揚杜十娘，她就一大好人啊。

安雅真的是一個感情裡的大好人，她的故事就屬於「杜十娘愛上許仙」那一類。安雅到底有多好呢？這裡無法一一細說，簡言之，如果你覺得某個人夠好的話，那她就是更好。

安雅常在工作繁忙的日常，還要馬不停蹄為心愛的男人做飯，同事們曾打抱不平說：「你也太慣你男人了吧！」安雅卻笑容可掬的說：「難道不應該嗎？」這樣算是很好的女人了吧！待人接物的態度也很真誠，以至旁人想再多說點什麼也無法開口。

對一個人的好，是應該的。可是就有一部分人那麼混蛋，如果不對他們好，是溺愛的那種好，就很容易失去他們。究其原因，是這類人太自私了。因為，你若不對他們好的話，他們極有可能掉頭就走。

安雅是杜十娘，她的那位「花田錯」先生是許仙。他們結婚三年，這期間安雅就像照顧嬰兒一樣，溺愛得不行。有一個週末，安雅和「花田錯」先生待在家沒有外出，兩人正坐在沙發上看韓劇，安雅正準備起身，拿削好的蘋果給「花田錯」先生的時候，「花田錯」先生突然接了個電話，按照平時接電話的狀態，應是平和、隨性的；但是這一次居然失態了，變得結結巴巴的，還說起了不太流利、蹩腳的廣東話。安雅覺得有些奇怪，就嘟囔著說了幾句。

「花田錯」先生在結束通話之後，臉色有些難看，安雅覺得

> 01. 杜十娘愛上許仙

自己可能多疑了，正想詢問一下的時候，「花田錯」先生開口說：「我要出去一下，晚飯就不在家吃了」。

安雅說：「週末就別出去了嘛！難得一家人團聚」。

「花田錯」先生遲疑了一下，說：「是和一個客戶吃飯，廣東來的，談生意上的事」。

安雅「哦」了一聲，沒有再說什麼。

我覺得這樣的對白真的很虛假，其中肯定有問題。但安雅這人太好了，好得讓人心疼。以至於我想說出「有你哭的時候」都不忍心。「花田錯」先生十之八九是要出去鬼混了，陪客戶吃飯、談生意只是藉口而已。

晚上十二點的時候，「花田錯」先生一身疲憊的回來了。安雅沒有睡，她覺得自己的先生真的很辛苦，她應該理解他，應該對他更好。此時，躺在床上的安雅穿著性感火辣的內衣看著書，「花田錯」先生洗完澡一頭栽在床上，看起來的確是很累的樣子。安雅放下手中的書，俯身給他按摩。按摩的時候，花田錯時不時「嗯」的發出聲，看來安雅的按摩技術不錯，她也想著和「花田錯」先生很久沒親熱了，內心一陣陣悸動，臉頰泛起紅潮，就試探性的去觸碰「花田錯」先生，但「花田錯」先生卻有氣沒力的說：「你好好按嘛，我真的很累啊」！

安雅的心就像夏日裡的火焰被突潑了一瓢雷陣雨，再看看自己穿得那麼露骨，不曉得怎的，感覺自己非常的噁心，賤賤的那種味道。安雅停止了按摩，然後側身就寢，眼角卻不經意

第一輯 相愛都有證據的，我們是否還在愛著

地淌出幾滴淚。

第二天早上，「花田錯」先生起床的時候，安雅已做好了早餐。兩人坐在一起吃飯，電話響起了，「花田錯」先生拿起電話接聽，跟昨天一樣，開始結結巴巴，講起不太流利、彆腳的廣東話。安雅不曉得哪來的怒火，一改往日的大好人形象。如潑婦般質問、大罵，如壞人一般。

安雅曾經信誓旦旦地以為「花田錯」先生不會做出背叛她的事，可是她忽視了「花田錯」先生就如許仙般一樣啊！感情世界裡最悲哀的事，莫過於告訴別人，一定要相信愛你的那個人的同時，卻發現自己正面臨著背叛的傷害。可是，杜十娘跟白娘子為什麼會愛上許仙呢？或者說安雅為什麼會愛上「花田錯」先生呢？還是因為「花田錯」先生原先的好。這跟白娘子愛上許仙也是一樣，許仙從一開始的時候很好，可到後來就不好了，做了出賣白娘子之事。儘管這跟「花田錯」先生的錯不一樣，但有一點是相同的，都是由好變成壞。

安雅說她想不明白為什麼杜十娘會愛上許仙。我說，因為他就是像「花田錯」先生一樣的男子啊！杜十娘是青樓女子，當她遇見許仙的時候，就像久旱逢甘露一樣，也似天雷勾動地火一般，我想，這就是飢渴的愛情吧！安雅眼巴巴地看著我，眼淚不爭氣地掉了下來，說：「我這個傻好人啊！真是造孽啊」！

安雅和「花田錯」先生一番大吵後，奪門而出，等快要上計程車準備回娘家的時候，突然發現自己什麼都沒帶。她向樓上

01. 杜十娘愛上許仙

張望著，渴望從窗戶的位置看到「花田錯」先生的招手和呼喊。可是十幾分鐘過去，「花田錯」先生沒有出現在窗口位置，也沒聽到他急促地下樓追趕聲。

安雅淚眼花花的，她決定走得更遠，讓「花田錯」先生看不見她，唯一能找到她的途徑就是透過打電話。安雅拿出手機，查看電池電量，挺足的，至少夠撐兩天。可是時間一分一秒的過去，除了幾個騷擾簡訊，電話硬是沒響起一聲。瞧！好人總是在認為別人很需要自己的時候，才發覺自己根本對別人來說可有可無。

安雅在廣場的長椅上坐了很久，覺得肚子好餓，卻發現自己身上的身無分文。安雅猶豫了，難道回去敲門說：「你好！「花田錯」先生在家嗎？我忘記拿錢了」？這絕不可能，自己多沒面子，簡直是弱爆了。安雅的這個案例告訴我們：千萬不要在吵架的時候一氣之下貿然出門，就算要出門，也要收拾好金銀細軟、身分證、戶口名簿等等之類的，把這些東西都帶走，看你急不急！

挨到快中午時段了，安雅實在熬不住了，正準備給朋友打電話求援的時候，她的手機響起來了，「花田錯」先生意識到自己錯了，他不應該對不起一個大好人，得把她找回來，好好過日子。於是，當「花田錯」先生面帶悔過、誠懇地站在安雅面前時，用了個大招，幾乎都要下跪了，流淚說：「該走的應該是我，你怎麼先走了啊！老婆，我錯了，回家了好不好」？安雅聽

後，不曉得怎的，突然覺得很好笑，開口罵道：「你這個壞蛋，壞蛋，壞蛋……壞透了」！

故事到此還沒有結束。杜十娘最終沒有愛上許仙，在感情裡，她不過就是第三者，不過就一時感覺許仙好得不行，可是這樣的感覺不可能一直持續不變，新鮮感一過，又回到原點。

安雅說，在做好人的日子裡，好長好長的時間都寢食難安，看到「花田錯」先生睡得酣然的樣子，心裡就有氣。所以，才有了開頭「只有好人才會寢食難安，壞人都睡得『美滋滋』」一說。但這不都是安雅慣出來的嗎？就算是自我或他人的安慰——好人的好絕對沒錯。那也得有人知道領情，並懂得感恩回報才行。而杜十娘會愛上許仙嗎？我想，不會的，肯定不會。至少，杜十娘是一個明智的人。可是安雅最終呢，她最終選擇了原諒「花田錯」先生，這只能說明，在感情世界裡沒有一竿子就應該打死的壞人，壞人也還有讓你足夠去愛的理由。

所以說，好人的好，壞人的壞，在一起，或分離，我們都無法左右。因為，杜十娘時時有，許仙也不缺。只能說，能在一起，就好好地去經營。

除此之外，再無他說。

02. 回到哭與回到笑

　　回到哭與回到笑，要麼淚流傷悲，要麼欣然而笑。前提是看值不值得為誰。否則，哭也白哭，哭死也沒人在意；否則，笑也白笑，笑死人不償命。

　　有一句話是這麼說的：感情世界裡，被懷念的時候常最狠。這個「狠」字是中性的，它兼具雙面性。一面是痛苦的，一面是快樂的。因此，這句話還可以「翻譯」成「回到哭與回到笑」。顯然，這是兩種不同的結局，前者屬於悲苦型的，後者屬於歡喜型的。我們是選擇華麗的回去，還是窘迫的回去，這是關於回歸到某種感情狀態的人生事。

　　於是，我想起一些語句。譬如，他們說一切都是暫時的，都可以再回去的。只是，一定要等到手心沒有殘留你的淚水之時。又譬如，我們分明是感情動物，所以很多時候無法由自己來掌握。古龍說這是「人在江湖，身不由己」；又說是「多情總被無情傷」。所以，古龍說他想逃離，但他越想逃離就越無法坦然面對，越是逃離就越無法忘卻過去。

　　回到哭與回到笑，看似兩個不同的結局，卻也道出兩種截然不同的人生態度。對感情而言，我們有太多的難以割捨與無法忘懷。

　　「情難忘」小姐是某大學的高材生，她戀愛的時候正值深秋

第一輯　相愛都有證據的，我們是否還在愛著

季節，她以文藝女青年的想法堅信秋天是收穫的季節，以至於在她失去 G 先生的時候，還是深情的宣告，如果有機會再愛一次，一定再次選擇他。我不得不佩服她絕對專一的感情觀。

G 先生是在秋天的一次出差途中，不幸因車禍去世。而「情難忘」小姐面對如此的噩耗，她傷慟欲絕。從此以後，她變得更加「情難忘」，以至於出現了有些神經質的症狀，表現如下——

一、時常淚流滿面，不斷想起兩人過往相處的點點滴滴，陷入無限的回憶中。

二、將 G 先生的骨灰盒放置在客廳裡供奉著，並且深深愛上一首歌〈愛的供養〉。

三、將男友出車禍時的衣褲拼成窗簾，倚窗相擁。

四、她愛上黑暗，回家從不開燈，除非她的母親動手開啟。

五、性格發生轉變，變得沉默寡言，就算開口說話，語氣也相當低沉。

「情難忘」小姐和 G 先生的愛情故事多像瓊瑤的小說。但這是真的，不管你們信不信，這事真的發生了。「情難忘」小姐對那段深愛的感情選擇了悲苦型，她悲痛欲絕的去痛苦、去緬懷，她回到了哭。並且，哭占據了她太多的時間，讓她無法輕鬆的面對生活，無法再去尋求新的幸福。

我想問：這樣值得嗎？有人說值得，這是對感情專一，愛情忠貞的完美表現。也有人說不值得，人都死了，自己總要活下

02. 回到哭與回到笑

去。於是，前者說後者是背叛，總不能讓人不再相信愛情吧。其實，問題沒有那麼複雜，也沒有那麼嚴重。不是反對回到過去，人總是有記憶的，也不反對追求新的幸福，人都有追求幸福的權利。

晚風吹起的時候，「情難忘」小姐依靠在窗前，撫摸著用 G 先生遺物拼成的窗簾，親吻著上面殘留的味道，吟聽著蔡琴的歌曲：「窗外依舊還吹著風，我們曾擁有過的夢⋯⋯愛你太濃，窗外依舊還吹著風⋯⋯我們曾擁有過的夢⋯⋯只是想痴痴地在此守侯，愛你太濃」。我不知道這樣的她會持續多久，到什麼時候才能回到笑，如果她能笑一笑，或許就會變得很美好，那她就可以明白一些道理，然後，更好地活在當下，說不定還有幸福會來敲門。

「情難忘」小姐的悲苦型故事暫告一段落。

前段時間，我從 M 先生那裡得到了一些素材。其中一個故事的主角叫做 P 先生。據說，這位 P 先生經常新配鑰匙，但還是多次被鎖在自家的房子外面，不得不讓人驚嘆。每次面臨這種尷尬的情況，他都會撥打同一個電話號碼：讓 H 小姐幫他送鑰匙過來。這位 H 小姐是 P 先生的前任女友，也不知道為什麼，H 小姐也總是願意幫他送鑰匙。這一次，P 先生又被鎖在門外了，他很習慣性的給 H 小姐打電話，說：「現在方便嗎？能把我的備用鑰匙送過來嗎？我又被鎖在門外了」。H 小姐有些睡眼惺忪的說：「上次我不是幫你又配了一把嗎？還給你了呀！」P 先

第一輯　相愛都有證據的，我們是否還在愛著

生惱火的說道：「是呀！你是給我了，關鍵是我剛分手，鑰匙被她拿走了啊」！

這就是 P 先生，一位可以稱之為是個戀愛腦的人。他簡直就是一朵奇葩，誇張程度可以讓人頂禮膜拜。對 P 先生來說，H 小姐是他的過去，只有自己被鎖在門外的時候，他才會想起她，才會想起她的好。這也太戲劇了，讓人不知道說什麼好。如果換作我是 H 小姐，一定會甩他幾個響亮的嘴巴，並狠狠的說上一句：「你把我當什麼了，麻煩解決所（鎖）嗎？」但，現實有時候是很意外的，容不得旁人說教。H 小姐沒有這麼做，她甚至有時候還覺得這樣挺幸福的，認為至少還有人記得她的好。我說，她比鍾鎮濤還深情，完全可以將〈只要你過得比我好〉改為「只要你過得比我差」，她若是唱〈是不是這樣的夜晚，你才會想起我〉一定會比吳宗憲唱得格外有情調。

不得不說，我被這個故事震撼了，之後，又覺得感動和讚嘆。震撼的是天下竟有這樣的故事；感動和讚嘆的是 H 小姐居然不恨 P 先生，而 P 先生也有不知哪裡來的勇氣向她要備用鑰匙。他把她當作什麼了？難道是受傷的時候再從過往尋求熟悉的安慰嗎？於是，我很自然地去猜測，他們之間會不會發生一些不可思議的事情。

有一天，P 先生又被鎖在門外了，這次他喝得酩酊大醉，無法開車去 H 小姐處拿鑰匙。這時候，該 H 小姐上場了。她拿出鑰匙，裝在包裡，開了門，上了鎖，在路邊攔了一輛計程車，

02. 回到哭與回到笑

前往 P 先生的住所。值得一說的是，這晚的 H 小姐身穿一身黑色緊身短裙，頂著一頭烏黑靚麗的披肩秀髮，她火辣的身材和前進的腳步形成夜晚一道獨特的風景。

H 小姐下了車，腳步匆匆，拿著皮包，咯噔、咯噔地上了樓梯。一樓、二樓、三樓、四樓、五樓，終於到了。她看到 P 先生的時候，P 先生已經躺在地上睡著了。H 小姐嘆了口氣，拿出鑰匙開了門，開燈，隨後費了好大的勁才將 P 先生弄回了屋，這時候有意思的場景出現了。屋裡燈光迷濛，而酩酊大醉的 P 先生醒了。我不得不佩服，佩服他時間算得真準──P 先生，您老醒得也太是時候了吧。

這時候，P 先生又迷迷糊糊的說著：「還是你對我最好啊！當初我怎麼就……那麼傻呢？有你這麼好的女人不珍惜，再看看後來的幾任，一個比一個絕情啊！嗚嗚嗚，哇哇哇」。尷尬啊！他哭了，哭得稀裡嘩啦的，聲音很難聽。但我相信，這絕對是世界上最動聽和最真誠的哭聲，它訴說著過往的那個美好。那樣的美好是過往愛意的笑容，是戀愛的回味。也許，P 先生真的要回心轉意了，要知道，酒後吐真言，可信度還是不低的。

H 小姐沉默了，沒有說一句話。她捂著嘴巴，眼淚不爭氣地流了下來。而這時候，P 先生似乎再也不醉了，果敢地抱住了她，之後，四片火熱嘴唇交纏在了一起……

P 先生和 H 小姐的故事屬於歡喜型的，看著就讓人感受到喜悅。

第一輯　相愛都有證據的，我們是否還在愛著

　　回到哭與回到笑，要麼淚流傷悲，要麼欣然而笑。前提是看值不值得。否則，哭也白哭，哭死也沒人在意；要不，笑也白笑，笑死人不償命。要去相信，曾經的過往不只是過往，如果兩個人還有繼續的可能，如果兩個人還在意過往的美好，又在遺失的那一刻幡然醒悟，這有什麼不可以再在一起的呢？

　　PS：這絕不是慫恿我們去踐踏「好馬不吃回頭草」的名言，而是開啟回歸幸福的一條通道，為的只是更好地活在當下，珍惜那些真心愛你的人。

　　回到哭與回到笑，希望我們選擇笑，開心燦爛的笑。據說，「情難忘」小姐開始戀愛了，H小姐搬進P先生家裡了，並且，還生了一個乖巧、可愛的小寶寶。

03. 愛我就帶我到山頂

　　不夠愛的人是要遭報應的。愛一個人絕對可以查到證據的，更重要的是需要雙方都用心去交付。

　　不夠愛的人是要遭報應的。

　　「不夠愛」先生不是很愛眼前的這位女友，這就造成一個有趣的現象：一方是不冷不熱；另一方卻是熱情似火。前者最過分的時候，如同一個人去吃路邊攤，而後者的熱情卻沒有因此

> 03. 愛我就帶我到山頂

消退,在家裡等待「不夠愛」先生的回來,並給予噓寒問暖的關懷。這樣的日子持續了很長一段時間,居然雙方都沒有問及「愛與不愛」的問題。

直到有一天,長期處於熱情似火的她因為「燃料」燃燒殆盡,再也熱情不起來。就在前幾天,「不夠愛」先生還對身邊的朋友說:「我那女朋友就那樣,說行也行,說不行也不行。」朋友就疑惑了,說:「到底是行還是不行啊!」不夠愛先生遲疑了一下,回答的內容只有簡單兩個字:還行。

兩人在一起那麼長的時間,最後等到的就是兩個字的答覆:還行。可是,愛一個人是不能夠以「還行」來概括的,這樣會讓愛你的那個人找不到相愛的證據,會對愛產生倦怠感。分手那天,「不夠愛」先生的女友提著行囊,在離開即將關上門的那一刻,說了一句話:「如果愛我就帶我到山頂,不愛我就早點帶我離開,女人最美的青春都被你荒廢了,我不是個男人」!說完,砰的一聲巨響,那扇早就應該關上的門,終於在這一刻徹底地關上了。

這的確是一個聽後讓人心碎的故事。一個女人有多少青春,有多少熱情可以揮灑呢?實際上,男人也一樣。不夠愛的故事發生在誰身上都不好受,可是愛情就是「魔」,偏讓不夠愛的人和狠狠愛的人在一起,這不是孽緣嗎?

在狂愛裡,我們都是後知後覺,只有在不愛的時候,才會是「先知先覺」——遺憾的是,這樣的「先知先覺」本末倒置了。所以,我還是覺得周筆暢的歌唱得好:「我認真思考過,怎

025

第一輯　相愛都有證據的，我們是否還在愛著

麼會越愛越寂寞，很難想像那麼幸福瞬間就能墜落……福爾摩斯發現了沒有，誰把愛情偷走……」

「不夠愛」先生在女友走後，他才知道前任女友對他而言有多麼的重要。於是，我很肯定的表達出這樣的訊息：走得好啊！早就應該走了，要不，「不夠愛」先生怎能變為「報應」先生呢？周筆暢說「福爾摩斯偷走了那份火熱的愛」，其實，不是「福爾摩斯」的功勞，是那份不夠愛的感情把愛情偷走了。

要辨別兩個人之間到底有沒有愛，有沒有「愛我就帶我去山頂」的感情一點都不難。因為，相愛都是有證據的，不愛同樣也是有證據的。我們只要靜下心來，細數那些相愛和不相愛的證據，就可以得出答案。詩經裡說「投我以桃，報之以李」，這多有道理啊！中國人講究禮數，在愛情裡面，至少對方向你表達愛的時候，你也得回應一下正在愛著她嘛！電影《手機》裡有一句臺詞說：做人得厚道。的確如此，不夠愛就嘗試去愛，嘗試過後還是發現不夠愛，那還愛什麼呢？趁早告知，分手吧！

回到開頭的故事，不夠愛的人是要遭到報應的。自從「不夠愛」先生轉變為「報應」先生後，他時常想起一些事，都是關於他自己的。譬如，他想起在過情人節的時候，為他的某一任女友走遍大街小巷，買了好多女友喜歡的東西，當他興致勃勃地提著這些東西交到了女友手中的時候，女友當時還是挺高興的。可就在這當下，女友的手機響了，是好姐妹打來的，說有急事。於是，「報應」先生趕緊掏腰包，給了女友搭車的錢。他

> 03. 愛我就帶我到山頂

自信的以為回到家裡一定能收到女友的「戀愛簡訊」，屬於親暱又感動那種。「報應」先生回到家裡後，原本應該9點就睡覺的，結果他到了11點居然沒有絲毫睡意。他就這樣等著簡訊的到來，等啊、等啊⋯⋯等到玩線上遊戲都沒勁的時候，簡訊還是沒來。「報應」先生實在太睏了，倒在沙發上睡著了⋯⋯

幾天之後，兩人在咖啡廳見了面。「報應」先生劈頭蓋臉地數落了一番後，堅決地分了手。至於分手原因，「報應」先生有自己明晰的判斷，他覺得自己那樣熱情，居然被對方潑了滿滿的一盆冷水：小姐您──怎麼就不能回我一則簡訊呢？

我認為，這事不僅僅是一則簡訊的問題，主要是因為當一個人毫無怨言、滿懷信心，並以愛對方的出發點使用禮物傳遞愛意，卻沒有收到回應的時候，那顆渴望愛是平等的心受傷了。其實，我們不都一樣嗎？我們要的不是禮物，而是彼此那顆「對等」的心啊！而且，有這些還不夠，還需要對這份感情的重視以及肯定。換句話說，絕不能把感情當兒戲，心不在焉。因為，愛一個人絕對是有證據可查的，需要雙方都用心去交付。

只是，感情這件事簡直是太難思索了──

一方面我們拚命的想得到愛的證據，另一方卻毫不在意。

一方面我們努力付出了愛的證據，結果到了另一方卻顯得一文不值，當成廢物一般的丟了也不稀罕。

這樣說起來，感情的付出與回報是否就像化學裡面的能量守恆定律一樣？NO！若是這樣，我們就如俗人一樣把無法衡

第一輯　相愛都有證據的，我們是否還在愛著

量的感情給具體量化了。難道感情就是一兩十錢，三斤四兩的可以計算？我想，即便如此，這也是一種病態的能量守恆吧！最終，沒有人是贏家。曾經的熱情如火變為冷若冰霜時，離開是最好的抉擇。

但我相信「不夠愛的人終有一天醒悟，卻晚矣」這句話。但在之後呢？他們是朝著各自信仰的東西 —— 持續南轅北轍？還是等待 —— 經過兜兜轉轉之後能好好在一起？我不知道，只覺得他們就像打籃球一樣，頭一回合他贏了，另一回合她贏了，如此交換更替。總之，頭一回合的結果就是下個回合的報應。

這實在太有趣了，有趣得想放聲大哭，甚至傷痛欲絕：你怎麼就不能明白我的心呢？好好的在一起相愛不行嗎？所以，在「報應」先生細數那些後悔的時候，他總會長嘆一聲：這就是報應啊！我錯過了一生中最愛我的女人。

「報應」先生的女友走後，她去了哪裡呢？據說，她心灰意冷了很長一段時間，至於找到新愛沒有，不得而知。唯一想要說的是，她保留了「報應」先生的 e-mail 帳號，這個號是屬於他們之間的「通關密語」，她期待著有一天還會收到「報應」先生的 e-mail 來信。可是我總覺得這件事太一廂情願了，會不會是一時心有不甘留下的餘毒呢？但 —— 不管如何，我還是衷心祝福她能早日找到屬於「她」和「他」之間真正的心靈默契。

很多人都問我，這個故事最後的結局是怎樣。我說，我也不知道。主要是因為，這樣的故事還在發生著。我想，這就是

報應吧！誰叫你當初不愛得夠狠呢？總自信的以為深愛你的那個人，會像護身符一樣緊緊地貼在自己的身上。這真的是天大的自負啊！

記得有一天，我去參加原著民的豐年祭，看到大批的原住民群眾在部落裡盡情狂野地唱歌，就像要噴出火來一樣，有著足夠的火熱與純樸，簡直是痛快淋漓。回去後，我躺在床上想起一句話：愛我就請 Take me to the top of the hill（帶我到山頂）。

是的，我們都需要盡情的去唱「high 歌」，就像歌中唱的那樣：mountain top，就跟著一起來……day and night 就是你和我的愛，沒有什麼可以阻擋未來。

謹以此文紀念悲傷痛心的「不夠愛」先生，還有那個內心還留有期待的那個她。

04. 愛的躲避球症

如果你「不幸」遇到這樣的戀人，請一定不要氣餒，相信「金石為開」，相信「水滴石穿」，一定會守到花好月圓。

那天，我路過一家肯德基，聽到一對情侶說：「你這也太廉價了吧！情人節就請我吃肯德基」？男的立刻提出說：「那我們去吃西餐吧」！女的「啐」了一聲：「你也太能裝了吧！東方人吃

第一輯　相愛都有證據的,我們是否還在愛著

什麼西餐啊」!男的開始有些把持不住了,接著說:「那我們去看電影吧」!女的將頭髮一甩:「弱智!家裡沒電腦啊」!男生默默的、悄悄地往自己的大腿捏了一下,這次語氣發生了變化,有點「麻辣火鍋」的味道:「親愛的,那我送你花吧,您呀!就跟這花朵一樣漂亮」!女的撲哧笑了出來,又啐了一句:「你呀!這就是『哄騙』無知少女的招,太俗氣了,沒意思」!

　　我有點聽不下去了,趕緊加快腳步離開。但腦海裡想著,這樣能算是戀愛嗎?也許算吧!戀愛中的人總有一方做主,怎麼說都行。只是,女生這樣說話的語調實在讓人不舒服啊!我給這樣的感情現象取了一個好聽的名字——愛的躲避球症。他們真的「夠狠」,讓相愛的證據無法保留。有一天,若是兩人分手,其中一方會說,我也沒說讓你愛我啊!我也沒讓你送花給我啊!我也沒讓你請我吃飯啊!這些都是你自願的,與我無關。

　　我心中不禁「哇」一聲,這也太狠了,不去當反派演員簡直是浪費。簡言之,這樣的人有一千萬個理由告訴你,不管是陪著一起看電影、送鮮花,還是到一個戀人喜歡去的地方吃飯、散步,他們都有「毛病」可以挑剔,並對你傳達出這樣的意思:庸俗、低下、無趣、行為幼稚。其用詞之輕蔑,之惡毒,之讓人心碎、之讓人發狂憤怒,會讓你瞬間有種羞愧的感覺,恨不得立刻找個洞鑽進去,再也不出來。

　　可是,到底要怎樣表達對另一方的愛意呢?我的意思是說,要怎樣做才會讓「愛的躲避球症」患者滿意呢?為了弄清楚

04. 愛的躲避球症

這個問題,我也常用這樣的問題向他們尋找答案。不幸的是,我從來沒有得到一個滿意的答案。他們要不是無言以對,就是回答不到重點。

看來,這樣的問題本身不是問題。而真正的問題還是出在「愛的躲避球症」患者身上,按我說,他們就是愛的世界裡最懶惰的人,什麼實際行動都不想做,卻成天希望在不付出「愛的代價」前提下,得到別人的百般呵護——嘴上又不留情面,對愛她的人挑三揀四。其實,我們還可以將這些內容換成更為直接露骨的說法,她們就是不想對愛付出,這源於內心對愛的恐懼。所以,她們同樣也拒絕接受你的付出,以此達到在「愛的世界裡」過得輕鬆自如的目的。也因如此,那些在多數人看來,譬如,情人節送花、下班等候長時間只為一起去吃晚餐、拉著手唱情歌、寫一封愛意綿綿的情書…….都是愛的具體表現,結果到了「愛的躲避球症」患者那裡都成為多餘,對她們而言,這就是徹頭徹尾的「愛的形式主義」。

男性讀者看到這裡猜測會想要開口罵髒話,女性讀者讀到這裡也會說不公平。她們是真的不願意或者說不在乎那些「愛的形式主義」嗎?非也,實際上,她們是將從上一任那裡得到的愛深藏在內心底,結果因為某些不能說出來的原因導致最總分手,之後,她們不希望在下一任這裡發生同樣的情景罷了,她們害怕再一次因為太過在乎而失敗啊!所有的一切都是強裝的不在意。

第一輯　相愛都有證據的，我們是否還在愛著

　　Z小姐是一位外貿公司的職員，她的前任男友是一名小學教師C君，兩人的愛情曾經那麼的熾烈：手牽手，心會跟愛一起走，即使有再大的風浪都會度過；肩靠肩，情會跟愛天長地久。忙碌的日子因而變得輕鬆又幸福。那時候，什麼樣的愛意表達都不是形式主義。直到有一天，愛的世界裡發生了翻天覆地的變化，兩人的愛到了盡頭，我採訪Z小姐的時候，她不願意提及這當中的原因，她只告訴我，從此以後不會再輕易愛上一個人，也不會愛得那麼深。她還說，特別討厭薛之謙的那首名為〈認真的雪〉的歌曲，太XX的假了，Z小姐說到這裡的時候居然飆起了髒話。

　　我能百分之百理解Z小姐的心情：能想像嗎，曾經愛得那麼深，比馬里亞納海溝還深，但那又怎樣？沒有經過挫折的愛情是不會長久的，她們不懂得如何去維繫愛，當愛出現裂痕的那一刻，她們就會推翻以往所有愛意的表達和存在。如果經歷風雨的愛情到最後都沒有發生裂痕，我相信一定會長久。可惜的是，Z小姐遇到了一位經不起風雨考驗的C君。

　　數年後，Z小姐認識了現在的P先生，Z小姐對P先生不冷不熱，似乎總保持著一定的罅隙。每當P先生給她送花的時候，她都會說：「你俗不俗氣啊！一把年紀了還玩這個」。弄得P先生只能尷尬地笑笑帶過。有時候，P先生給她一個不經意的吻，她會說：「你這個老不正經的傢伙」。

　　PS：我聽到Z小姐的這些表達，問了她一個問題，說你的內心真的就沒有一點動心？Z小姐沉默了片刻，從嘴裡說出了

04. 愛的躲避球症

一番話,讓我大感吃驚。她說,其實有時候靜下心來想想,還是蠻幸福的。

你看,這不就對了嘛!「愛的躲避球症」患者不是不愛,是她們懼怕表達,所以,如果你「不幸」遇到這樣的戀人,一定不要氣餒,相信「金石為開」,相信「水滴石穿」,一定會守到花開月圓的。

只是,這裡需要特別強調,一定要區分那些假的「愛的躲避球症」患者。她們往往打著這樣的旗號,在愛情關係裡不作為,只想悄悄的獲取愛的成果。你要相信,在重要日子裡都不能給你足夠關心的人,在日常生活中就別指望她會關心你。我看到一檔電視節目裡,男的憤恨的說著真的很後悔愛上她,我對她那麼好,可是我生病了,她居然連一句關心的話都沒有。

愛是兩個人的事,不要把伴侶對你的好當作資本,覺得自己很了不起,隨時隨地都要以「他很愛我,離開我就不能活」的說法來挾持對方。這絕對是不公平的,沒有誰一定要愛你愛得死去活來,甚至最終還無法醒悟。

所以,我們有幸遇上一個真愛你的人,在戀愛關係中,那些與愛有關的表達,都請珍惜和接納,這是非常重要的,並且,要做到欣然的接納。雖然,這不一定就是愛的方式,至少我們要懂得禮貌和珍惜吧!何況,在你面前的還是愛著你的人呢!

最後要說的是,愛的躲避球症並不可怕,可怕的是為此著了魔,無法自拔,最後落得終身孤單的下場,那才真的可怕呢。

第一輯　相愛都有證據的，我們是否還在愛著

05. 一不小心就愛上了你

　　一不小心就愛上了你，不是不小心，而是先前有顆心在感情的空白處等待，等待愛的來臨和交融。

　　這是一個特別有意思又特別溫馨的愛情故事，原先以為只有在電視裡才能看到的情節，現實中也發生了。一不小心就愛上了你，其實也是從無愛到深愛的轉變。

　　歌手波拉有節奏地唱著〈一個也會很快樂〉，那他就是一個寂寞的男人嗎？實際上，我想表達的是一個不怎麼快樂的人，突然有一天一不小心就愛上了，這就像江映蓉在〈一不小心愛上你〉裡唱的那樣：你無聲無息湧入了我心底，往事卻散落了一地。我從未留意，不小心愛上了你……真叫人想大聲說出「愛」啊！

　　繼續往下聽，江映蓉又狠心地唱著「最後卻要保持距離」，我不喜歡這樣的結局，但別人是無法阻止的，他們不能夠掌控愛的蔓延，也不能阻擋一個人對另一個人的愛意傳達。所以，愛終歸還是要靠自己，要麼主動，要麼被動。

　　有了愛卻還要保持距離——到底是他愛上了？還是他被愛上了？故事還需要娓娓道來。寂寞的人總是可恥的，A君是一名計程車司機，他和很多早出晚歸的計程車司機一樣，日復一日的忙碌著，平淡又索然無味。A君是一個寂寞的、帥氣的男

> 05. 一不小心就愛上了你

人，他卻還是一個單身漢，個性大而化之，用女人的話來說，就是不懂「情」，用文學的語言來說，就是不懂「風花雪夜」。但到了 2006 年的時候，他因為一些事發生了變化⋯⋯

A 君說他的「老婆」就是計程車，我覺得這個比喻恰當又實在，符合他的性格和身分。A 君單身的日子就這麼既火熱又冰冷的過著，直到有一天，單身的日子似乎要被打破了 —— 只是他自己不知道具體從何時開始，我卻以為這樣才更有趣。那天，天近黃昏，炎熱的夏日稍退了涼，城市風景依然豔麗，尤其是在這般季節裡，不少「資深人士」都翹首認為有點說法必須得說道說道，否則不足以顯現其真知灼見 ——

一、夏日裡最享福的是男人的眼睛。理由 —— 不用說。

二、夏日裡最亮眼的是女士們的服飾。理由 —— 還是不用說。

坐過 A 君計程車的人可以用「不計其數」來形容了，最讓他值得說道的是搭載過諸多美女。A 君這樣的想法挺實在，旁人卻說他思緒齷齪，但他自己認為還沒有上升到思想的高度，思想是把高尚或庸俗的感受變成一種指導。A 君覺得自己在對待感情上不具備這樣的天賦，但他卻說自己這一輩子最喜歡一句話：可遠觀而不可褻玩焉。女性朋友們可能會說這是男人的劣根性。可是，如果一個人看到美好的事物都無動於衷，那是「聖人」行徑嗎？恐怕不是，不過有一點倒是可以肯定：超過半數的人會脫口而出，這人不會有病吧！然後耳邊想起一波接一波的

聲音：的確有病，而且病得不輕。

上述的「插曲」讓人心情有點不愉悅，還是說說 A 君遇到的那位小姐 C 女士吧！A 君回憶，那天的天氣不怎麼好，陰鬱悶熱，前幾天的生意挺好，當天的下午居然只能空著車繞行城市四通八達的街道。A 君一邊抽著菸，一邊聽著收音機廣播裡播放的歌曲：「過完整個夏天，憂傷並沒有好一些，開車行駛在公路無際無邊，有離開自己的感覺。唱不完一首歌，疲倦還剩下黑眼圈……」車子行駛到龍江路的時候，行人很少，一位靚麗的身影是唯一出色的景致。當這道風景出現在車窗視線的時候，隔窗而望的感覺就像霧裡看花，讓人有一股急欲敲碎玻璃，徹徹底底看過通透的衝動。上學的時候，老師就一再教育我們做任何事都不能一心二用，否則肯定就會出亂子。這不，A 君就這樣出狀況了。當時的場景具體如下──

一、突聽一聲尖叫，緊接著是計程車緊急煞車的聲音，兩種聲音都很尖銳，不同的是前者讓人心疼，後者讓人心恨。心疼是美人尖叫，心恨是車子的煞車怎麼就不能完美無瑕，想什麼時候停止就立刻停止。

二、而後是從車窗外探出頭，幾句對白後，雙方的面部表情都發生變化。

三、戲劇性的 180 度轉變，有一個美麗的身影鑽進了計程車裡，借問路去何處。

PS：此次搭載完全免費，過程只能說「讓人尋味」。

> 05. 一不小心就愛上了你

　　C女士下車的那一刻，回頭露出一絲笑容，A君徹底明白美人「回眸一笑百媚生」的真正含義。誰知這一次的相遇僅是一個開始；原本是，即使就算某人心裡泛起了漣漪，那也只是隨風而過，畢竟誰還能保證下一次一定就能再見？

　　幸好這世上偶爾會有奇蹟發生，偶爾的意思是說，僅限於「有時候」，「多數情況」下我們只能期待。因為，奇蹟這東西就是解決內心所需的無窮力量，所以，那些不管是無心的，還是有意的內心世界，發生了翻天覆地的變化，那是想要掙脫內心牢籠以及心之所向的無畏意識，這就意味著要開始刻意行動了。這不，隔天A君刻意的去那條街「晃晃」，結果又成功搭載到C女士。這一次，車裡的「汽車電臺」播放著汪峰的〈像夢一樣自由〉—— 僅開頭一句「你是否還會牽掛我，我最親愛的朋友啊」！就讓人產生了異樣又曼妙的感覺。那一刻，A君特意回頭看了C小姐一眼，發現她也在注視著自己。兩人沒說開口說話，C小姐卻抿了抿嘴唇，而A君因為這一回頭，造成車子向是喝醉酒一樣顛簸了一下。此刻車內的情景只有以下兩點可表述——

　　一、對A君而言，總結兩個字來形容：尷尬。

　　二、對C小姐來說也就只有兩個字的感受：無語。

　　時間飛逝，車駛前方。汪峰的〈像夢一樣自由〉唱到「當我決定放下所有，走上去自由的路，你是否還會陪著我……我要像夢一樣自由，像天空一樣堅強，在這曲折蜿蜒的路上，體

第一輯　相愛都有證據的，我們是否還在愛著

驗生命的意義，你是否還會陪著我……」這是歌曲的副歌。我覺得這種感覺真的很微妙，只有愛過的人才能體會其中的情緒變化。可惜，不是所有人都敢主動去愛，也不是所有人都會得到愛。愛這東西就像〈豔陽天〉，決心沒有下呀！啊！怎麼開言……

PS：此句取自李曉傑的歌曲〈又唱豔陽天〉。

相遇這事誰也說不清楚，但內心的渴望還是有的。譬如：有的人相遇僅在思念中重現；有些人為了相遇就需要刻意去營造合適的條件；而有人為了再次相遇，會傻傻地在同一個地方等待……

Ａ君和Ｃ小姐的故事還在繼續，是誰先動了心已經不重要，人們總愛忽略過程，直接跳轉結果。但這不是文字陳述者想要的，我試圖去揣測雙方內心感情的微小變化，以此傳達「一不小心就愛上了你」的心靈曼妙。Ａ君的車子行駛到達目的地後，Ｃ小姐翩然地下了車，但她卻掉了一件東西在車上，只不過當時不知。這當然為故事的延續留下了伏筆，也為「一不小心就愛上了你」找到了證據。等他們下一次因為掉在車裡的資料進行聯繫時，已經是半個月後的事了。如果不是Ａ君主動聯絡，Ｃ小姐幾乎都忘了這件事的存在。

說說Ｃ小姐的性情。她有不經意間顯露的細膩，也有女性獨有的美麗，更有一份莫名的哀愁。總之，如果把她當作一名佳人來看待，去演繹帶有江南風韻的劇情肯定是入木三分，

> 05. 一不小心就愛上了你

可以輕易地俘獲觀眾的心,特別是帶有文藝和都會情結的男觀眾 —— 確切的說就是所有男人。C小姐的工作比較繁忙,但她的內心有一種自由下的矜持。如果有一天她愛上一個人,我是說不經意的去愛,她會突然發覺自己的生活裡,還有那份感情深處的靈動,就像生命裡缺少了一樣東西,夜深人靜的時候會出現莫名的,如潮水湧動的思念。我不知道還能將這個故事陳述到何種程度。因為,我發現自己已經急於想了卻心中的期盼 ——

一、C小姐真的愛上A君了嗎?

二、C小姐和A君真的在一起了嗎?

時光機跳躍到另一個陽光燦爛的下午。那天,公園的相思湖畔,卡布奇諾的茶餐廳,還有田園的小憩石凳出現了一男一女的身影,男的是A君,女的是C小姐。這些似乎注定就是為有情人準備的場所,就像卡布奇諾的廣告語:愛在唇齒間。而有趣的是卡布奇諾的暗語居然就是:I LOVE YOU!

A君在鄉下有一套房子,依山傍水,這符合C小姐骨子裡的期待想望。而A君在個性上也有了很大的改變,不再大而化之,變得更懂風情。C小姐依偎在他身旁,輕聲地說道:「不知道在哪一刻開始,一不小心就愛上了你」。A君在她的額頭上吻了一下,說:「其實,這句話該由我說的」。

這樣的戀愛真的太美了。我甚至在想,就算他們的感情只是一時的衝動,或說是曇花一現,我也會覺得一不小心愛上

第一輯　相愛都有證據的，我們是否還在愛著

一個人，那樣的感覺一定是很美妙的。何況，一不小心就愛上了某個人，前面相逢的時光就是感情的鋪陳啊！沒有這樣的鋪陳，怎會在兩人交會時裡發生變化，然後，從此愛上對方？所以，我很想知道，那些還沒有開始愛的人，會不會心中有所期待。過來人告訴我，當心中有所期待，而又能得到愛，肯定是最深刻的。

一不小心就愛上了你，不是不小心，而是先前有顆心在感情的空白處等待，等待愛的來臨和交融。

祝天下有情人終成眷屬，祝相遇不再思緒中錯過，不再傻傻的空等待。

當然，孽緣要除外。

06. 做朋友只是延續的藉口

做朋友只是延續的藉口，斷不開的只有那顆不甘的心和無盡的傷痛。

兩個相愛的人走到一起，後來分手了，卻分得不徹底。其中一方在分手那天說：「我還想和你做朋友，可以嗎」？另一方思忖了半响，不管是處於何種心態，點著頭說：「可以啊！分手了還是朋友，這樣挺好」。這一類的感情，多數人都認為可以畫

06. 做朋友只是延續的藉口

上一個圓滿的句號。

可是，有時候我們會忽略其中的一個細節：如果斷得不夠徹底，做朋友只是延續的理由呢？那天，我就聽過這樣的故事，最有意思的是，在當場還聽著龍梅子的〈心要痛到什麼時候〉，她那麼深情又痛苦地唱道：「愛你曾經狂跳的心頭，轉身難道無法再回頭。做朋友只是延續的理由，我說不出口，只能苦苦的守候。」不知道，這算不算是中了戀愛的毒，其中一方總是不死心啊！期待有一天還能相愛在一起。

我不怕有人會當臉啐我，諸如「憑什麼二次相愛就不行」或「憑什麼戀愛失敗了就不能繼續與前任聯絡」之類的。在感情世界裡，我不是悲觀主義者，但絕不頭腦發熱不清楚，也會相信一句話：好馬不吃回頭草。做朋友只是延續的理由，只因為有一方還遺留著想要再續前緣的毒。這樣也蠻好，它讓故事有了繼續的可能。

K小姐和E先生三年前就認識了，他們的愛是真實的存在，後來卻又在一次次凶狠的爭吵中分開了，K小姐對E先生說就此別過，永不再見！但E先生心裡很是不捨，央求K小姐說戀人做不成，做朋友總可以吧。好多人在感情中將就禮數，就這樣口頭答應了。對於這樣的故事其實並不新鮮，好多時候我們都可以聽到，就連以前我們在中學時期追求某人，猛寫情書卻未果時，也都會含著眼淚說：「那⋯⋯我們可以成為好朋友嗎」？這樣的問法，得到的答案多半是肯定的，原因同前。後來，我

> 第一輯 相愛都有證據的，我們是否還在愛著

　　簡單地分析了一下，這就是心不死，渴求有一天出現奇蹟的心態。因此，當我聽到龍梅子唱著「做朋友只是延續的理由」的時候，特別有感觸，這簡直就是鹹蛋超人啊！永遠打不死。

　　繼續說說 K 小姐和 E 先生的故事吧！自從 K 小姐在他的視線裡消失，很長一段時間裡 E 先生都只聽一首歌，並反覆的吟唱，朋友們都認為他在發神經。我採訪他的時候，他很深情的說：「很長很長的時間裡我只聽張敬軒的一首歌〈只是太愛你〉。」我聽後，聳肩說道：「既然你那麼喜歡這首歌，那寫你故事的時候一定要將這首歌完美的呈現。」其實，這首歌何止是 E 先生的最愛，它也是我的最愛啊！在公園的一僻靜處，我和他輕輕的吟唱〈只是太愛你〉：「原諒我真的喝醉了，因為我真的想你了，一不小心就被寂寞吞噬了愛著你的快樂。我知道這樣不應該，也知道你會受傷害，只是不想再讓自己對你太過依賴，我明白你給的愛是真實地存在。喔……只是我不懂得如何去愛，才會讓你想離開……」。

　　吟唱著，吟唱著，我似乎已經知道 K 小姐和 E 先生之間的問題在哪裡了。從一開始兩人的愛就很不對等，這裡面既有門不當戶不對的問題，也有誰愛得多、誰愛得少的比較；可是，有一點是可以確定的，他們的愛是真實存在，否則完全可以在相戀一段時間後，找一個藉口分手，這樣就可以給雙方的家長以交代。他們沒有這樣做，這說明兩人之間的問題一開被刻意隱藏起來，直到後來沒辦法再隱藏了；就像一名潛水運動員在

> 06. 做朋友只是延續的藉口

水下不能潛得太久，必須浮出水面才能恢復呼吸一樣。

　　E先生說我分析得很對，我說你別先急著說對與否。接著，我又說在我們身邊有很多人——女孩子、男孩子們和前任都做了朋友，甚至還有因有介紹前幾任認識而彼此也成為朋友的，在他們的心裡都藏著不死心，奢望著某一天曾經的他或者她與現任出問題，而後能再續前緣。可是我們能說這樣的人心理變態嗎？至少我不這麼認為，那些以為說出「祝你們過得幸福」的人就真的心甘情願嗎？恐怕不見得，要知道很多人都有一種投射情結，以為曾經在自己身上發生的，也會在別人身上發生。這樣算什麼心態！我聽到一些「過來人」咒罵著，謾罵過後眉宇間卻有一絲無奈的惆悵。

　　我認識一個叫不做朋友的P先生，他就是一個堅決認為情侶分手後不能做朋友的人，並說還能做朋友要麼是未曾刻骨銘心，要麼是一方還愛著另一方。若是身邊的人都和前任保持著很好的朋友關係，那就感覺自己是不是不正常了。有一次，我和P先生在竹林溪邊閒聊，也談到了這方面的問題；他說自己特別想知道，那些認為可以和前任繼續做朋友的人是出於什麼樣的心態和理由，如果真正的愛過和恨過，後來又怎麼能心安理得的做朋友。問題還蠻尖銳，卻一點也不複雜，僅僅是因為心有不甘而已，選擇做朋友是讓兩人的感情繼續延續的理由，一旦某天那個他或者她與現任出現裂痕，自己與前任的情緣還是有可能再續的，這世上並不是每個人都認同「好馬不吃回頭

043

草」這句話的。其實,這也可以說成是好多人都有懷舊情結,過往的一定是最好的,錯過的一定是最愛的,多麼痛的領悟啊!

E先生說,他真的還想和K小姐在一起,他為了她經常藉酒澆愁,夜裡流淚,但白天的時候,如果在某一刻可以看到她,又會假裝堅強;在她不開心的時候,他會像朋友那樣給予關懷,但她總保持一段距離,若即若離般的,他說他不在乎這些。我說你夠痴。他說:我一點都不浮誇,我回之;此刻的你更適合聽汪峰的歌,譬如那首〈加德滿都的風鈴〉,我可以逐字的朗誦給你聽——

「就像我們都未曾搖響的那串加德滿都的風鈴,它不在這裡,它無處可尋,可它在我們耳邊揮之不去;就像我們都未曾見到過的那串加德滿都的風鈴,它不在這裡,它無處可尋,可它在我們心底揮之不去」。

很多人都問我K小姐和E先生的故事最終怎樣了。我說我也不知道,如今都五年過去了,E先生依然單身,而K小姐早已結婚生子,E先生是在等待奇蹟嗎?可是這樣的奇蹟在道德觀念看來是邪惡的,是自私的。我們都應該有一顆向善的心,愛她當初就不要離開她,好好的經營那份感情,愛她就要讓感情不斷的延續,而不是等到分離後,透過做朋友的方式等待奇蹟發生,企圖挽回,這是既痛又痴的宿命做法,不值得效仿。因為,等待成功的機率實在太低了。所以,我們一邊聽著諸如龍梅子〈心要痛到什麼時候〉的歌時,一定要明白「做朋友只是延

續的理由」不過是自我安慰罷了，除此之外，沒有任何它意。

我曾多次說自己不是愛情的悲觀主義者，但也絕不會樂觀到讓自己由聰明變愚蠢，兩個人在一起真有愛的感覺，雙方都應悉心經營，不要等到分別了才想去盡力挽回，這太浪費精力了，我們耗費不起。

做朋友只是延續的藉口，斷不開的只有那顆不甘的心和無盡的傷痛。

07. 到最後一個人傷心

為什麼到最後一個人傷心，只因為你發現得太晚。

我聽著一首歌曲，裡面唱著：「偶然間的甜蜜已過去，最後還是一個人傷心……想起我們那些過去……誰在意最後還是一個人傷心」。

思緒翻騰，令我想起一個陳年的往事。18歲那年，我去了參加一場文學創作競賽的頒獎活動。回程的時候，火車剛到某站，下了一批人，又上了一批人。這時候，一個染了黃色頭髮的時髦女孩走到我的身旁並面帶笑意地坐了下來。我也抱之一笑，之後什麼話也沒有說。

在半夜11點的時候，我睡眼惺忪地醒來，看見車廂中的人

第一輯　相愛都有證據的，我們是否還在愛著

都睡了。此時，坐在我身旁的那個黃髮女孩也悠悠醒來，神情顯得有些呆滯。從她的表情中我猜想這個女孩肯定有故事，也有不平凡的經歷。果然，女孩在啜飲一口黑咖啡之後，有一絲淡淡的憂愁呈現在臉上。

關於這個女孩的職業我一開始很好奇，在我明白她原來是個風塵女子之後，心裡就更加感興趣了。至於這個年方17的女孩為什麼讓我有這樣的感受，其實很好解釋，因為我們都是那種會多想一點的人。了解之後，這個女孩的遭遇是屬於比較悲慘的。具體情況是：這個女孩在14歲那年，對一個年滿40歲，可以當她父親的帥男人一見鍾情，但這個男人既不務正業，且剛結婚不久就離婚，還有一個已滿五歲的兒子。這事說起來很有戲劇性，原由是，女孩的父親是一個以殺豬營生的養豬戶，因業務成長，需請幫手，恰巧有個帥男人有一天從他家門前路過，見到他忙不過來，便主動前去幫忙，又因為這個人幹活俐落又不要錢，還能說會道，女孩父親當然感激不盡，這時候這個女孩正放學回家，在兩個人目光對視的一剎那，她沉醉了；彷彿在經過千年滄桑的追尋，直至今天終於見到夢中的王子出現在眼前，一種莫名的激動情緒不知不覺襲上心頭，心跳得很厲害。

這個芳心悸動的女孩就這樣愛上了那個可以做她父親的男人，而且陷得很深；當這個女孩的親戚發現後並告訴女孩的父母時，女孩的父母怎麼也不相信，嘴裡還說：「誰要是再亂說，

> 07. 到最後一個人傷心

毀壞我女兒的名譽我就撕爛他的嘴」。

直到有一天，女孩的父母親眼看見自己的女兒正與那個男人眉來眼去且互動曖昧時，竟啞口無言了，隨後即是堅決反對。但顯然木已成舟，生米煮成熟飯，再加上女兒愛之極深，已達到像瓊瑤小說裡面，女主角愛上男主角那種死去活來的程度。所以，她的父母就只能向老天祈禱，希望這個男人能好好地對待他們的女兒，不要讓她受委屈。

之後有一段時間，熱戀的兩人過得甜甜蜜蜜。沒過多久，在不斷降低的存摺數字終於見底後，兩人的生活便陷入困境，工作沒有著落，與此同時，女孩有了身孕。於是，當初沒有顯現的問題終於浮出水面，先前美好的感覺已經蕩然無存。

本來我想將這個男人的代稱改為「爛人」的，但經過一番仔細思量之後，發現這樣做很不值得。因為，凡是披著羊皮的狼，在見到真面目之前人們是不會相信的，畢竟有很多人都認為眼見為憑，更相信自己看到的第一印象。

在一個夜黑風高的晚上，男方對女孩說：「我們現在已經沒有錢了，不如去醫院把孩子打掉吧」！這突如其來的無情要求，讓女孩傷心欲絕；無奈她太愛這個男人了，最後還是含著眼淚去醫院做了人工流產手術。照道理來說，女孩這樣配合就認為可以和心愛的男人長相廝守了，但實事並非如此。這男人得寸進尺。在手術之後不久竟然要求女孩出去賣淫，女孩當然死活不肯，於是男人把女孩綑綁起來，還扒光了她的衣服，接著拿

> 第一輯　相愛都有證據的，我們是否還在愛著

出一把鋒利無比的尖刀，在她背上劃了無數道傷痕，頓時女的全身被血染紅了……。從這天起，女孩就發生了兩個變化——

第一個變化，對這個世界的男人徹底失望，所有純真的夢想就此破滅。

第二個變化，從此走上了一條不歸路。隨著時間的推移，越來越多的陌生男人開始透過交易行為在肉體上占有她。

後來有一天，女孩再也不堪忍受這非人的折磨，打算逃回老家。卻發現自己根本無路可逃。所幸天無絕人之路，女孩的舊友在街上發現了她，在知道所有情況緣由後，囑咐她千萬不要聲張，然後隨即叫了幾個友人，連夜將那個男的強行帶上了回家的火車。

接下來的事情是——

女的父親使出平時殺豬時的力氣將男人的手腳打斷，若非女孩苦苦哀求不要把他打死，男人肯定性命不保。

我一直關心的問題是，這個女孩是否還愛著那個男人。因為，這是可以上升到討論女性內心世界，感情定位高度的話題。所以，有必要進一步了解及探討後續發展。不料事情出現了轉折，我們不能只從道德的制高點來判定誰對誰錯。有人說是女孩自作自受，被愛衝昏了頭腦，也有人說這個男人狼心狗肺。人間的悲歡離合，甚至作繭自縛，我未看清，亦不言是非對錯，倒不如把之風乾，用之來下酒，這是我的觀點。

07. 到最後一個人傷心

此後，我心潮起伏，從嘴裡說出一些寬慰的話。本想藉此拉近距離，不料被她一絲淡笑弄得欲言又止，讓我鬱悶不已。我們沉默了很久，但我真的很想知道她此刻的心情，好在她還是開了口，說了一句：「不管以前發生過什麼，到最後還是一個人傷心」。

上面這個故事曾深深影響了我，故事中的她一定是個感情的悲觀主義者，我也不知道她最終的結局怎麼樣，畢竟她到站的時候就下車了，而且走的時候沒有再對我說一句話。如今隔了這麼多年，也許她早已經另嫁他人，又或者依然獨自一人。

其實，結局是什麼已經不重要了。重要的是如果愛上一個不值得去愛的人，而這個人又屬於狼心狗肺的人，不管他曾經用了什麼伎倆，這些佯裝來俘獲你的心，到最後傷心的只有你一個人。所以，如果不幸遇到這樣的人，趕緊果斷的分手吧！別指望狼會愛上羊，狐狸會愛上刺蝟。要知道，這些都是文青們筆下的想像而已。

很多人問我為什麼受傷的總是自己，我說只因為你發現得太晚。

同樣，到最後一個人傷心，也是因為你發現得太晚。

僅此而已！

第一輯　相愛都有證據的，我們是否還在愛著

08. 我們愛過就好

歲月給了感情延續的時間，可是它卻沒有告訴我們哪些感情該去堅守，哪些感情絕對不要去觸碰。愛過就好，不過是我們的自我安慰、一廂情願罷了。

寫下這個標題之後，我陷入了沉思。「我們愛過就好」，這是真的自我撫慰，或是一句反話？還有其他意義嗎。

也許這個問題沒有標準答案，重要的是那個過程中的複雜感受。愛過就好，這事還得從緣分存在的意義說起。緣分是什麼，在我看來不過是兩個原本毫不相干的人，突然一天有了某種連繫，繼而有了繼續發展或者在一起的感情。甚至還可以寫出讓人臉紅的定義：兩個情緒擾動的人彼此找到了親近的理由，他們將這樣的過程稱為緣分。

不管是哪種解釋，如果將「愛過就好」放置進去，有一點可以肯定：他們對這段感情的認知是一致的。也就是說，在相戀的兩人最終不能長廂廝守，只能放棄對方的感情中，他們認為即使兩人走不到一起，那至少曾經愛過。於是，我們常聽到戀人們說：「不能在一起又怎樣，我們愛過就好。」

PS：不知道為什麼，我老覺得這樣的感情屬於孽緣呢？

說一個聽來的故事，「就要愛」小姐在不久前曾經歷了一場轟轟烈烈的瓊瑤式愛情，她愛的不是帥哥，也不是土豪，是個

> 08. 我們愛過就好

其貌不揚，比她大十歲，已有家室的成熟男人。

兩人的相遇完全可以用「緣分」來解釋。「就要愛」小姐是一個文青，護專學校畢業有兩年了，由於不願意在老家工作，就一直居家賦閒。一個人如果是閒晃得太久，周圍的人總難免會說三道四的傳一些閒言碎語，其實，這是好事，算是得到外人免費的監督。「就要愛」小姐覺得自己不能這樣在家靠父母了，決定出去闖一闖。結果連續幾天找工作都不順利。

PS：「就要愛」小姐不是找不到工作，心高氣傲的她拒絕了小公司的工作，拒絕去當店員、洗髮妹、按摩師……

「就要愛」小姐有些受不了了，在徘徊迷茫中到來一家酒吧。都說酒吧是交友的好地方，此話得到了 N 多次的證明。「就要愛」小姐在心灰意冷之際遇到一位「及時雨」先生，這位先生成熟的特徵尤為明顯——

其一，成熟，即熟男，鼻子和下巴有濃密的鬍子。

其二，說話口音和「就要愛」小姐差不多，在經過一番交談後，確定為同鄉。

有了以上兩個特徵，「就要愛」小姐和「及時雨」先生自然輕車熟路的成為知己。但當時的「就要愛」小姐忽略了一點，「及時雨」先生是一個有家庭的男人，她又偏偏喜歡有成熟穩重的男人。「及時雨」先生不愧為及時雨，在他得知「就要愛」小姐急需要一份工作的時候，成熟男人的魅力再次得到了空前提升，於

是就把她介紹到自己任職的公司。現在,工作的事情解決了,但住房的問題還沒解決,「及時雨」先生又幫忙把此問題解決了,在公司附近租了一小套間。就這樣,「就要愛」小姐在這個城市安居了下來。

接下來的發展並不複雜,原因是因為很多人都對這樣「兩人相遇」故事的情節瞭如指掌,甚至有不少人也親身經歷過。

PS:對此,我將過程簡化為三點即可完整表達 ——

其一,一如既往的關心和照顧,包括日常生活上的作息和身在異鄉的心理孤獨感。

其二,發生突發事件的即時協助,諸如生病之類的,讓對方感動萬分。

其三,感動逐漸轉化為一種愛的感覺,接下來如果把控不好,可能就要出事了。

事情果真如以上三點所說,並且很激情。有的時候,不是我們要刻意煽情,而是有些事情注定就會這樣發生,久而久之,我們就習慣的認為這就是必然結果。話說有一天,「就要愛」小姐生病了,頭痛得厲害,全身一點力氣也沒有,一個人拖著沉重的步伐到醫院打點滴。此時,一個人躺在冷冷清清的病床上所產生孤獨感爬到了顛峰,「就要愛」小姐心裡想:「要是現在有個他來陪陪我該有多好啊」!可是,在這座城市裡沒有一個親人,又沒有男友,正想流淚的時候,手機鈴聲響起,聲音

> 08. 我們愛過就好

很熟悉，是「及時雨」先生打來的。「就要愛」小姐眼睛裡閃爍出異樣的光芒，覺得還是成熟男人好——細心、貼切。「就要愛」小姐心裡竟然莫名的心跳加快，再加上感冒的人臉本來就有點潮紅。看來，一個人的孤獨感受越強烈的時候，其感情需求就越明顯，這時候一旦具有填充這孤獨空缺的人適時出現，絕對會像磁鐵那樣緊緊吸引。當「及時雨」先生的出現，並給予行動和言語上的關懷，兩人在那麼一刻短暫的對視，儘管無語，卻早已經說明了一切。回到家裡，躺在床上的「就要愛」小姐細細的回味在醫院發生的一切，她不放過任何一個細節：言語、表情、動作、聲音……

幾天後，「就要愛」小姐病好了，心情也不錯，為了感謝「及時雨」先生的悉心照顧，決定約他到餐廳吃飯。「及時雨」先生欣然答應。那天晚上，他們聊了很多。特別需要點明的是：「及時雨」先生跟「就要愛」小姐說了許多真心話，他告訴她自己婚姻是親戚介紹的，跟現在的老婆一點感情都沒有，根本就談不上什麼愛不愛的，更多是一種家庭的責任，現在因為有了孩子，只有湊合著過。

PS：太煽情了！就算不知道這個故事前因的，也可以知道「及時雨」先生接下來的「套路」，他會大肆傾訴自己的苦悶、悲傷、不幸福、渴求真愛。

果然，「就要愛」小姐同情「及時雨」先生。又過了幾天，「及時雨」先生請「就要愛」小姐到KTV唱歌。那一天，「就要

第一輯 相愛都有證據的,我們是否還在愛著

愛」小姐將自己打扮得嫵媚動人,兩人在KTV包廂裡舞動著,他們越跳越近,幾乎是零距離接觸,跳著跳著,「就要愛」小姐不由自主的把頭靠在了「及時雨」先生的肩上,她的內心有著激烈的波瀾。可能是有些累了,也可能是前幾的病還沒完全恢復,「就要愛」小姐的這般舉動引起了「及時雨」先生的強烈反應,他就像在不幸福的婚姻中抓住一根救命稻草一樣,一旦抓住,死命不放。

他們越抱越緊,而更要命的是,「及時雨」先生做出了更為出格的舉動後,「就要愛」小姐居然沒有拒絕,他將一隻手摟住了她的腰部,繼而滑向了她的臀部……包廂裡只剩下背景音樂的喧鬧聲音,時間彷彿靜止,兩個人之間只剩下砰然的心跳聲…這一晚,他們在KTV包廂待了很久,然後去開了房,洗過澡,他抱著她上床,嘴裡不停地念著:「親愛的,我不敢相信這是我在抱著你嗎?這是做夢嗎」?「及時雨」先生不愧稱為及時雨,他將自己壓抑多年的情緒幻化成動力,徹底征服了「就要愛」小姐。

男人最怕「後院起火」,而偏偏老祖宗又發明了這一句話,再加上還有一句俗語相輔:世上沒有不透風的牆。於是,「就要愛」小姐和「及時雨」先生的頻繁幽會終在有一天曝光了。要知道,這種地下戀情就怕見光死。「及時雨」先生的老婆K女士知道此事後,大動肝火,後續具體經過步驟如下所示——

一、女的指著男人的鼻子破口大罵,吵鬧中摔盤子,砸玻

08. 我們愛過就好

璃,用力關上房門,久久不出來。

二、男的趕緊賠罪,低聲下氣,做出保證不再犯的承諾。女的稍微息怒,在男人的嘴皮子功夫下,女的逐漸消氣、鬆口,要求下不為例。

三、但是狼(郎)改不了吃羊的本性,男的繼續冒著危險幽會。

四、再次被曝光,老婆發出最後通緝令,男人徹底龜縮。

PS:女的一定是要娘家後臺很硬的那種,否則,男人是不會徹底回頭的。

五、為了證明自己的確是真愛,「及時雨」先生和「就要愛」小姐最後一次真情告別,一再強調「愛一個人不一定要長相廝守」的真諦,最後還不忘再纏綿一番。

故事的結尾,「就要愛」小姐信了「愛一個人不一定要長相廝守」這句話,並堅守其一。後來,她又以文青的手筆將這句話換了一種說法;多年後回味往事,她只說:「我們愛過就好,真的」。

我相信愛過就好,但我不相信這是「真的」。因為,大多數情況下,「愛過就好」不過是我們的自我安慰、一廂情願罷了。歲月給了感情延續的可能,可是它卻沒有到當下告訴我們哪些感情該去堅守,哪些感情絕對不要去觸碰。這是歲月的殘酷,還是我們感情認知的盲目呢?我想,後者的可能性更大。而且,我還要說:「愛過就好,要看什麼樣的愛會讓我們都好,

愛過就好，要看那一個人值不值得我們去愛。明知道沒有好結果，還要飛蛾撲火似的去冒險，這就是不好。」

沒有那麼多理由去為自己過往的荒唐辯白，我們唯一能做的就是懷著一顆真誠、客觀剖析自我的心態，讓愛過就好真正是愛過就好，不過，這都是現在和將來的事。因為，過往發生的事可能還會發生，也有可能已經徹底中止。

我們愛過就好，但願是真的好。

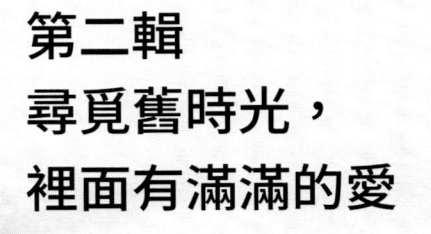

第二輯
尋覓舊時光，
裡面有滿滿的愛

第二輯　尋覓舊時光，裡面有滿滿的愛

01. 你才剛開始，我卻已結束

　　我們一開始愛的和最後不愛的，其實都是同一個人。不同的只是時間點不一樣罷了，一個在開始，一個在結束。

　　某一天，A君在信義區街角對B君說：「原來你也在這裡。」這是他們相戀見面的時刻。又一天，A君仍在信義區街角，這次只有他一人，陪伴他的只有那顆行道樹，可惜樹葉已經離枝，他拾起一片殘葉，傷感的說：「愛到最後還是枯萎了」。不用懷疑，這是他們分手後，一個人去原地等待奇蹟的時刻。但A君去了N次，等到的都是落空。

　　那麼用心地付出了愛，到最後卻失去了。怎麼愛不是次第加分，而是減分呢？就像一棵茂盛成長的樹，它在雨露、陽光的滋潤下茁壯生長著，突然有一天樹葉枯黃，樹枝乾裂。是愛久了，所以受傷了；還是就如卡其樂團在〈玩偶〉裡所唱：「是你給我太多的依偎，愛到最後還是要分手」。剛開始的時候，我並不知道。後來。只隱約覺得這樣的痛楚感覺，六哲似乎唱得更為貼切，他動情地表達著「誰明白我心碎的滋味，這段情到最後慢慢變枯萎，心成灰難相隨」的悲切感受。

　　人生其實有很多的際遇和故事，其結局也有多種。命定的也好，人為的也罷，它們都不過在表達著一些感情下某種情緒。如是「愛到最後還是枯萎了」的感情，從A君身上呈現出更

多的是迷茫。在他身上有一股勁道，看待世間、問題、人事、物品似乎含有倦怠之意，其實，真相不是這樣的，在我看來，在他經歷過一些事情後有點無奈的情緒，而要明白這些情緒的由來，只能從故事中去尋找。

「想不通」小姐和「意難料」先生戀愛已經三年了。在這期間，她為「意難料」先生付出很多，最近，她為他從南部搬到了北部，同居的生活一開始還是很有情調的，充滿歡樂和幸福。他們過著小夫妻般的日子，羨煞旁人。特別是在某一個週末，「意難料」先生給她帶來了雙重驚喜，簡單來說就是一枚戒指，一棟30多坪的新居。

的確是讓人高興不已的事情，也讓人感覺意外。可是有時候，我們也不得不承認：愛來的時候和分手時一樣都會有意外的感覺。它會變得很突然，在你毫無準備、毫無防備的時候。忽然有一天，已經向「想不通」小姐求過婚、買過房的「意難料」先生突然拉著她的手說：「親愛的，對不起，我們還是分手吧」！這句話，簡直如同晴天霹靂，在「想不通」小姐毫無預期的時候，來的那麼突然，那麼突兀。「你這是要幹麼啊！為什麼啊」！「想不通」小姐一臉驚愕。「意難料」先生鬆開了她的手，沉默了半响，說：「我覺得我們在一起並不合適」。

太混蛋了！現在不合適，當初怎麼就覺得合適了呢？我覺得這樣的男人就是一個無恥之徒，騙子加偽君子。「想不通」小姐淚流滿面，她怎麼也不明白，自己那麼愛他，那麼相信的「意

難料」先生突然間就像變了一個人似的絕情。她從南部老家出發的時候，捎著行囊，那裡面裝有滿滿的愛，她有模有樣的、戴著太陽鏡、穿著迷你裙行走在愛的旅途中。如今，現實生活和愛情給了她一枚核彈，其威力足以讓她的世界土崩瓦解。

在之後的兩週裡，「想不通」小姐神志不清，別人跟她說什麼都聽不清楚。男人後來乾脆直接不回家。她開始徹底絕望，覺得自己就是一隻可憐蟲，沒有人願意收留她。她覺得塵埃落定的事，也不過如此，風一吹不就又塵土飛揚，不知道會散落何地。說起來，「想不通」小姐為了「意難料」先生而全心全意的付出，她放棄南部安穩的工作，遠離家鄉親人，為了愛，她來到了北部這陌生的城市，她就像一個全職的家庭主婦，做一個準妻子，她相信「意難料」先生的收入完全可以輕鬆的支撐起這個家。為了能做好家庭主婦，成為一個好妻子，她信奉電視劇裡常有的臺詞：「要想拴住男人的心，就得先拴住男人的胃。」於是，她悉心學習烹飪，炒可口的菜，煲美味的湯……可以說，為了「意難料」先生，她也付出了很多，改變了很多。因為，她覺得在愛的世界裡，做什麼都是應該的，毫無怨言的。可是，「想不通」小姐忽略了愛不是付出就一定能得到的意外性。這就像是跟特例或突發事件一樣。

說說「意難料」先生的概況。他有點禿頭，40多歲，大「想不通」小姐五、六歲。其實，這些都不是重點，重點是他們曾心靈相通，都歷經世事，大有「相見恨晚、緣來是你」的感覺。

01. 你才剛開始，我卻已結束

總之，命定、熱烈、迫不及待等這一類的詞彙很適合來形容他們。在交往的日子裡，他們互通有無、談人生、談理想、談愛的感覺，他們互相關心對方、鼓舞對方、欣賞對方。這麼多年來，擦肩而過的人太多了，唯獨他和她在命定的牽引下，個自感情的罅隙得到了完美的填滿。三年的日子裡，他們從異地戀到同進同出──同居，其間所面臨的各種困難也都在雙方默契十足的配合下一一克服。可是，「想不通」小姐忽視了一點，「眼見為實，耳聽為虛」這句話不一定是正確的，如果要更有把握，就必須再加上一句話：親身體驗。

從同居開始，再到雙重驚喜──購新房，送戒指，最後到晴天霹靂出現暴雨，這就是「想不通」小姐的結局，是她感情旅程的重大波折。後來，「想不通」小姐終於說出一句看似挺有哲理的話，她說：「這一切都是命，逃不掉的。我發現，他給我的戒指小一號，根本就不是為我買的啊」！原來，「意難料」先生是有其他女人了。「想不通」小姐又說：「他和我真的有很多共同嗜好嗎？他說他喜歡看舞臺劇，可是我好幾次和他在一起去看舞臺劇，他居然趁空出去吸菸，直到話劇快落幕的時候才回來」。「想不通」說這句話的時候，眼圈有些泛紅。我知道，她的內心充滿了痛苦和憤懣。

愛一個人，一開始的時候都覺得對方是自己的知己，都想唱劉若英的歌〈原來你也在這裡〉，無限放大對方與自己的相同之處，這是在拚命尋找愛的痕跡。而到分手的時候，我們也會

第二輯 尋覓舊時光，裡面有滿滿的愛

檢視每一個小細節，試圖搜尋出那些不同之處，以此證明兩人之間不再愛了。其實，我們一開愛的和最後分離的，都是同一個人。不同的只是時間不同，感覺也不同了；一個在開始，一個在結束。真相就這麼簡單。

「意難料」先生是一個難以伺候的人。他喜歡吃的東西挺多，而且要求道地的味道。譬如，臺南的鱔魚麵、岡山的羊肉、臺中的酸菜白肉鍋。「想不通」小姐就努力的去學習正宗做法，可是總做不出店家的味道。所以，「意難料」先生一邊吃，一邊搖頭嘆氣。「想不通」小姐心裡也覺得很委屈、很氣餒，但沒有表現出來。她認為這是自己應該做的，只是做不好而已。「意難料」先生不滿意的地方還不只有這些；譬如，他總是在快要下班的時候才跟她打電話，說有同事到家裡做客——屬於小型聚會那種，讓她趕緊做飯。「想不通」小姐說來不及了，你也不早點打電話，要不到外面吃吧。「意難料」先生聲音有些嚴厲的說：「這又有什麼來不及的，在家聚會不就希望沒有外人，朋友們熱鬧一下嗎？到外面去吃哪有這樣的感覺和氛圍？這點小事你怎麼都做不好？」於是，「想不通」小姐趕緊去準備，唉！那真是一個手忙腳亂啊！等聚會結束同事們散去後，「意難料」先生開始變臉，責備她，說她讓自己沒有面子。當然，「意難料」先生對她的不滿意和責備遠遠不止這些。譬如，他喜歡穿西裝，但回家後又不知道要放好，隨手扔在沙發上，結果「想不通」小姐不小心一屁股坐在了西裝上，他這時候又開始責備了；

01. 你才剛開始，我卻已結束

說你怎麼那麼不小心，這西裝很貴的，坐皺了等一下怎麼出門去談業務啊！又譬如，他帶著她出去參加聚會的時候，總說她怎麼不化妝，這樣看起來多沒品味。後來，她化妝出門了，他又反過來責罵說妝化得太妖豔，穿著太暴露，這是想穿給誰看。「想不通」小姐怎麼做都會挨罵。似乎如果業績不好，如果不是天氣的原因，就一定是跟「想不通」小姐有關係……

一個在相對長時間裡對愛表現都還令人滿意的人，突然有一天開始變臉，並且這樣持續下去，只有一種可能：這個人已經另有新歡了。是的，「意難料」先生有一天露陷了，他的手機聯絡人裡出現了一個陌生女人的電話號碼，那枚戒指應該是她的尺寸。「想不通」小姐和她通了電話，電話裡的那個女孩振振有詞，一點也沒有慌亂無措的樣子。她還說，愛一個人就應該給他自由，只要妳和他沒有結婚，誰都有追求的權利，「意難料」先生已經不愛妳了。「想不通」小姐冷笑了一聲，強忍情緒的掛了電話，然後，佯裝淡定的處理好與「意難料」先生之間的事。她顯得溫和有禮、堅強不落淚，其實內心一陣陣苦痛、狂躁。那一刻，她似乎看穿了他們之間的感情，只不過是愛到最後還是變淡了而已。就像一朵嬌豔美麗的鮮花，到最後終要枯萎。

我聽到這個故事的時候，內心泛起一陣刺痛。我在想：他們相愛呀！熱愛呀！多深的愛，可惜最後還是失去彼此了，這得多受傷啊！我們都期待愛情不會變質、過期，但卻忘記不是

愛情變質、過期，而是那個人變了。所以，這樣的人給予你的只有一開始熱烈的愛，到最後僅剩惆悵。

這樣的人，早點對他或她說再見，絲毫不用留戀，更不用傷悲。

切記！切記！

02. 想要的與能給的

想要的與能給的，願我們要的是時候，願我們給的也是時候。

什麼是想要的，就是我們在心急的時候，像吃熱豆腐一樣。

什麼是能給的，就是我們願意付出的時候，像魚兒為了能得到水一樣。

我祖母在世的時候，常說「心急吃不了熱豆腐」。當然，這句話被很多人都說過，尤其是老人家居多，大都用於教育年輕的一輩。所以，我們也不得不承認「薑還是老的辣」這句話也是很具有權威性的。當然，這幾句話所涵蓋的意義，也符合現在的社會標準。

事實上，人到中年還是能體會上述「話語」的實用性與指導性。可惜，由於我們的「粗心大意」，還是在生活之中忘記了，又或者將其束之高閣。

> 02. 想要的與能給的

「威猛」先生是一個大帥哥，有著魁梧的身材和精實的武功，這在很多女性看來特別有安全感，他的身材虎背熊腰，胸脯碩大結實，他濃密的鬍鬚就是成熟男人的象徵，他堅毅的眼神就是自信的力量。可是，就這著一位「威猛」先生，最近特別煩惱，是超級煩惱。這主要是因為：與他交往的女人都跟他說不要急，要慢慢的來。這就好像一個在沙漠裡好幾天沒喝水的人，他突遇一個還擁有一壺水的人，但這個人跟他說不要急著喝，讓我告訴你這壺水有多麼的純淨、多麼的香甜一樣。都這已經是要命的關頭了，誰還會在意這些呀！能喝就行，你叫他不急，他能不急嗎？

「威猛」先生已經快滿 35 歲了，他早就過了適婚年齡。他自己急，家人也急。「威猛」先生常跟身邊的哥們抱怨，說我是「急驚風遇到慢郎中」，簡直是要命啊！哥們說：「你是不是那方面太猴急了。古裝電視劇裡不也經常有這樣的臺詞嗎？妖豔的女性一開始半推半就，羞滴滴地說著『你不要那麼急嘛，奴家有還沒準備好……瞧你那猴樣』，然後你看那男的樣子……」哥們的話還沒說完，「威猛」先生連忙解釋：你誤會了，我不是那樣的人，對人家還是很有禮貌的，沒有唐突冒犯。

「威猛」先生說的這些，我信。我和他在咖啡館裡熱切地交談著。從他坦率的表達中，直覺告訴我他個性堅毅，但是也明白的顯示出他內心的那份「急躁」，尤其他的眼神、動作、語言的表達，在在都呈現出怎麼已經年近 35 歲了，還沒有成功收穫

065

第二輯　尋覓舊時光，裡面有滿滿的愛

愛情的那份「慌」、「急切焦躁」之感。

這的確是件麻煩事，要知道成熟又事業有成的男人是眾多女孩子的最愛啊！這樣的黃金單身漢，可搶手得很啊！其實，在愛情的世界裡，當我們越「急」的時候，就代表我們越想「得到」這個人。彷彿這個人就是你命中的唯一，你的全部。在這種情況下，我們就會出現急不可耐、咄咄逼人的樣子：「親愛的，你現在就嫁給我，好嗎？我一定會讓你幸福，一定愛你一生一世」。瞧，這不就是心急的表現嗎？我們甚至還可以再加上一句：最好還能立刻登記結婚、馬上舉行喜宴、明年就生孩子。

「威猛」先生就是這樣的人，這樣的急躁。可是，他忘了「心急吃不了熱豆腐」，忘了感情的事是急不來的。而且，他也沒有帥到掉渣，人見人愛的相貌，抑或像潘安再世一樣，女人們爭相投懷送抱，恨不得能立即與他共結連理。

所以說，「威猛」先生著急也沒有用，何況，人在越著急的情況下，越容易出錯。越容易陷入未知的危機之中。

所以說，「想要的」我們急不得。在這種情況下，如果我們還繼續急不可耐，試想一下，你就是那個被他施以緊急壓力的人，能不害怕，能不想逃，還能接受他嗎？譬如，才剛認識一天，你就著急的跟人家說「嫁給我」、「借我 10 萬元」……這不得不讓人懷疑你的動機，識趣的那還不快快「聞言急逃」，半信半疑的會持繼續觀望態度，但會淡然的說「別急，慢慢來嘛」。即使，就算是妖嬈的，也會推阻的說「瞧你那樣，猴子變的吧」。

02. 想要的與能給的

於是,「威猛」先生原本的美事、好事就這樣被他的「急」弄成了「又急又難」,若不改變,恐難如意。

「能給的」A小姐最近愛上了一個人,用她的說法就是,只要能跟那個他在一起,她都能給。若按照一般男士用下半身思考的習慣,那還不「餓虎撲食」?可是,稍微理智的、有動用思索功能的男士,至少心裡會打個問號吧!這不,被A小姐看上的那位,我們姑且稱之為「慢郎中」先生。「能給的」A小姐和「慢郎中」先生是經人介紹而相識的,也就是相親認識。A小姐剛認識他就覺得很滿意,幾乎認為可以打滿分。所以,她的表現就像在擁擠的站臺向人群中那位對象急忙招手那樣,使勁地招手狂呼:「親愛的,親愛的,我在這裡,我在這裡,在這裡……」可惜啊!妾有意,郎無情,「慢郎中」先生治療不到「能給的」A小姐的「急」。只聽「慢郎中」先生彬彬有禮的說:「這事是不是太快了,我們……我們還是慢慢來,好嗎?」

其實,「能給的」A小姐只是想要一個說法:「我愛你,你也一定愛我,對嗎」?這沒有錯,愛一個人就應該發自內心的去表達、去示愛,我們都希望對方也能立刻回饋。因此,當「能給的」A小姐聽了「慢郎中」先生彬彬有禮的回覆;那一刻,她覺得自己好沒面子,恨不得地上有一個洞,立刻鑽進去。於是,這次相親失敗了。

後來,「能給的」A小姐和「慢郎中」先生分別給出了一些說法。

第二輯　尋覓舊時光，裡面有滿滿的愛

　　「能給的」A小姐承認自己太急了，自己難道真的嫁不出去嗎？你看，「能給的」A小姐不也是一個「知錯能改」的好女人嘛。

　　「慢郎中」先生也表示說，當時被能給的A小姐那番話嚇到了。他原本想慢慢的互相了解，約會啊！散步啊！互相交流心聲啊！一起去旅遊啊！這些都挺好，他都願意為了「能給的」A小姐去做。瞧！「慢郎中」先生是一個多懂得浪漫、細心的人。

　　真可惜，這兩人最終沒能走到一起。看來，「想要的」與「能給的」還真不是一件小事，值得我們去三思。在我們想要的時候，不要表現得那麼急不可耐。同樣，在我們能給的時候，也不要表現得那麼直截了當。若是這樣，那我們也「太不值錢」了。

　　想要的與能給的，願我們要的是時候，願我們給的也是時候。

　　這很重要，特重要！

03. 忘記你做得到

　　愛真的不是交換啊！更不是要強迫那種深愛的感覺去觸動心底，愛真正需要的是自由，自由的去感應。

　　「深愛」小姐來到相思湖畔與「唯愛」先生約會。

　　PS：這個故事有點長，可當做是一部90分鐘的電影來欣賞。

03. 忘記你做得到

「深愛」小姐長著一頭烏黑亮麗的頭髮，眉清目秀的她唯一讓人略感遺憾的也許是戴著一副眼睛，早年讀書過於用心的她，成績是上去了，但視力下降了。不過，這副眼鏡的確很適合她，因為看上去是那樣的端莊、體現知性美，如果配上職業裝——她是某一家廣告公司的部門經理，看起來有多迷人和美麗啊！

而「唯愛」先生，也挺帥氣，只不過臉上某部位看起來就跟爾康先生的表情包一樣，大冬天的時候會呼出比別人多一、兩倍的熱氣。尤其是他抓住「深愛」小姐香肩拚命的搖晃，並大聲說出那句口頭禪「為什麼」的時候，「深愛」小姐會覺得這個人有人格分裂症的傾向。

「深愛」小姐和「唯愛」先生此時正在一座小亭裡約會，放眼周圍的景色——有湖水、有荷花、還有自由自在悠游的魚兒，這環境特別適合談戀愛。不過，這一次的約會出狀況了，「深愛」小姐因為中途耽擱，來到約會地點的時候晚了15分鐘。慘了！而且是慘兮兮！「唯愛」先生將他以往的「優點」發揮到極致——

為什麼，為什麼，為什麼……妳……妳居然遲到了15分鐘，妳看看錶，我可是計算得清清楚楚，分秒未差，妳能明白嗎？這……這足以證明我有多在乎妳。

為什麼，為什麼，為什麼……妳會讓一個深愛妳的人等上15分鐘，Oh my God！妳知道這15分鐘意味著什麼嗎？這代表

第二輯 尋覓舊時光，裡面有滿滿的愛

妳在我生命裡消失了 15 分鐘，900 秒，這個月妳一共遲到了 3 次，3 次等於 45 分鐘，妳知道意味著什麼嗎？45 分鐘等於瓊瑤電視劇的一集，妳知道裡面會掉多少滴眼淚嗎？

「唯愛」先生說這些話的時候，鼻孔裡呼出著粗氣，顯得很憤怒，然後，「深愛」小姐就哭了，眼淚嘩嘩的滴下。「唯愛」先生趕緊認錯，說：「對不起！是我不好，我不應該對妳發火。」然後，兩人緊緊的相擁。

我不得不吐槽，這簡直就是一齣活生生的瓊瑤劇，生活和愛情有時候會跟我們進行一次又一次的「壯膽禮」，平時覺得難以說出口的話，一旦到了戀愛季節，變成想得到的就說得出。譬如，我愛你！我真的、真的、真的很愛你，你看那月亮多圓，湖水多清啊！

PS：其實當時是晚上，月亮並不圓，而且還缺了一角，那湖水到底清不清澈，晚上根本看不清。其實，這並沒有什麼不好，不過度就好。

夏天天氣炎熱乾燥，「唯愛」先生要喝礦泉水，而「深愛」小姐卻給他買了一瓶可口可樂，於是，「唯愛」先生勃然大怒：「妳明知道我不喜歡喝碳酸飲料，還要買給我喝，妳什麼意思嘛！」面對此番質問，以往都能容忍的「深愛」小姐終於忍不下去了，果敢的與「唯愛」先生提出分手。

隨後，「深愛」小姐消失了很長時間——絕對大於 45 分鐘。後來，「深愛」小姐突然想起自己還有一樣東西留在「唯愛」先生

03. 忘記你做得到

那裡,就是房門鑰匙,當時他們是人手一把,為了安全起見,決定要回來。於是,「深愛」小姐就跟「唯愛」先生打電話,說了這件事。「唯愛」先生說:「好的,抽時間給你送過去」。

「唯愛」先生掛上電話之後就突然消失了,像人間蒸發一樣,電話不接,簡訊不回,Line 上留言,一直不讀不回。「深愛」小姐深感納悶,繼續等待一段時間後,她收到一個包裹,打開後發現裡面有房門鑰匙。「深愛」小姐深深的鬆了口氣,心裡想著,鑰匙總算要回來了。

這一次,「唯愛」先生徹底消失,沒有任何音訊。「深愛」小姐開始覺得猜想這個人是不是死了。因為,她相信這世上誰都會死,「唯愛」先生也一樣。

PS:這兩人都是無神論者,當然,很多人都是這樣。可是,別忘了現在不用臉書的人恐怕很少了吧!「深愛」小姐有一天無意中發現「唯愛」先生的臉書上有更新消息,而且從此以後,每天都在深夜 12 點準時更新。要知道,臉書是記錄一個人生活的良好工具,但偏偏有不少年長的資深人士不懂其功能,以為寫的內容就跟在 Line 上聊天一樣,只有對話的兩人知道。其實,這是所有人都看得到的內容啊!於是,他們鬧出了笑話,各種內心話和心計都一股腦子地和盤托出,上演著「毀人不倦」的對話時,滿足了廣大的吃瓜群眾。到了第二天,消息快速被轉傳著,造成滿城風雨,熱鬧得很啊!「深愛」小姐透過瀏覽「唯愛」先生的臉書生活史確定他還活著,於是,內心有種如釋重負

071

第二輯　尋覓舊時光，裡面有滿滿的愛

的感覺。之後,「深愛」小姐單身的日子就這麼一天天過著,直到有一天「深愛」小姐這邊出了狀況——

馬桶出問題了,不會修理；

燈管壞了,不敢換；

生病了,沒人照料；

……

其實,在過往相處的日子裡,上面這些狀況少有發生,就算發生也不要緊,「唯愛」先生都會搞定。與「唯愛」先生在一起的時光,「深愛」小姐感受到了被愛的價值,這種依存感和幸福感讓她覺得做女人真的很值得。記得那些過往的日子,他們無數次相擁、偎依、呢喃,「唯愛」先生抱緊她,在她耳邊皺緊眉頭的說:「我愛妳,一生一世。」說這話的時候,就像世界末日要來臨了一樣,凝重、深情、真切……也許「唯愛」先生是真的愛她吧!我是這麼覺得的——卻又用了也許。只因他抱她太緊了,愛得太深了,太刻骨銘心了,以至於「深愛」小姐感覺到愛太濃太重,重到有壓抑的感覺。「深愛」小姐就吃力的說:「我也愛你啊!可是你讓我喘不上氣,就像一直生活在水底……」然後,我聽了都特別感動的話出現了:「唯愛」先生將她抱得更緊了,一個勁地說:「親愛的,我不要你喘不上氣,不要,不要,絕對不要」。

我聽到這個故事感覺臉好紅;他們是多麼的相愛啊!親愛

03. 忘記你做得到

啊！刻骨啊！銘心啊！……我甚至覺得，他們的愛情就是一首深邃的現代詩，非常的意識形態，並且，在現實生活中小劇場不停地上演。所以，我更加肯定他們的愛情是一朵奇葩，那樣的「驚奇」，那樣的「出人意表」。有的時候，「唯愛」先生會將深情特質演繹得讓人猝不及防。這一點主要表現在一些很隨意的場景裡，譬如說，在一起吃飯、逛街或打電話的時候，「唯愛」先生無端的發火。

據說，有一次鬧得挺凶。當時，「唯愛」先生出差到另一座城市，到了半夜的時候，「唯愛」先生拿起手機給「深愛」小姐打電話，一開始都聊得挺好的。不過，時間都已經深夜了，「深愛」小姐都已經熟睡了，是被手機鈴聲吵醒的，她應答著，但真的很睏，聊到後面，她的回應只剩兩個字：啊、嗯。這讓「唯愛」先生大為鬱悶，原想著表達愛意──這麼晚了還打電話關心，這得多愛才行啊！可是現在變得不一樣了，一股濃濃的愛意被劈頭潑了一盆冷水──涼了，徹底的涼了；於是怒火中燒，說：「妳到底愛不愛我呀！妳怎麼可以這樣，這是長途電話，很貴的耶，妳到底愛不愛我」？「深愛」小姐感覺到事情嚴重了，趕緊解釋，說：「愛啊！怎麼會不愛你呢？我只是很想睡了嘛」！回答完了，「深愛」小姐輕輕地嘆了口氣，覺得自己好窩囊，可在他怒火中燒的質問裡，她顯得好像自己真的是不夠愛也不夠珍惜，簡直就是一個「得好不知好，給臉不要臉」的負心女人，可是事情真的不是這樣的。

第二輯　尋覓舊時光，裡面有滿滿的愛

　　「深愛」小姐和「唯愛」先生，他們的最後一次爭吵發生在家裡。事情的原頭還得回到他們在夏天時節「深愛」小姐給「唯愛」先生買錯飲料那一段，那是最後一次約會，但真正的結束應該是在家裡，因為在中途又發生了一件事情。簡單點來說就是，前者是導火線，後者是最後一擊。具體經過是這樣的：那天他們去逛街，「深愛」小姐偶遇多年未見的高中同學，女人都是感情動物，男人則是視覺動物。有時候融洽溝通的並不一定是戀人，而有時候眼睛看到的未必都屬實。兩個多年未見的同學、同桌、好友自然免不了一番熱聊，「唯愛」先生有些傻傻的站在那裡等候，他還想著眼前的一男一女過去是不是也發生過什麼，並且，怎麼就這麼巧合呢？偏偏在有自己的時候遇到了「她」之前的「他」，等到他們熱聊結束，「唯愛」先生一路無言，有了從未有過的沉默，「深愛」小姐竟然有些不適應，這不符合他以往的作風啊！

　　有時候，暴風雨來臨之前都是靜悄悄的，何況「深愛」小姐和「唯愛」先生在上一刻才發生過爭執，她應該知道的，另一場風暴即將爆發。果然，回到家裡，「深愛」先生暴怒了，用他以往的風格和特質質問「深愛」小姐，說：「為什麼，為什麼和我在一起以後還要和其他的男人那麼親熱？為什麼，為什麼，妳告訴我啊！妳怎麼可以這樣」？「深愛」小姐從未見過他這麼瘋狂的質問，整個人嚇呆了，過了好半天，果敢的說了一句：「我們還是分手吧」！深愛、唯愛、果敢、消失、不見……成為這段

> 03. 忘記你做得到

戀情最好的關鍵詞。

在雙方不再相見的日子裡，或許彼此都感受到了被愛的存在感，這是「深愛」小姐的總結，特別是在聽到汪峰的那首歌〈存在〉時，尤為深刻。但故事到此並沒有結束，後來「唯愛」先生原諒了「深愛」小姐。

PS：我有些不明白，為什麼是「唯愛」先生去原諒，「深愛」小姐有什麼錯嗎？

「唯愛」先生說他愛她特別深，在原諒的同時，也感動了自己。這太有詩意了，我覺得。所以，他抱緊了她，滿臉淚水的說：「對不起，我真的很愛妳，如果讓妳傷了心，那也是因為太愛妳了」。「深愛」小姐略感迷茫，心裡思忖：「這還是那個他嗎」？「唯愛」先生鬆開了抱緊的雙手，轉而用一隻手拖住她的下巴，很認真的說：「我不跟你生氣了，我們好好在一起吧！不過，你也得答應我一件事，要學會回應愛」。

從這以後，「唯愛」先生每每愛意泛起的時候，「深愛」小姐周圍朋友，身邊的同事，Line 的動態頁面，臉書的粉絲，閨密都會看到她關於愛的回應。譬如，週末在家吃飯的時候，她會說：「謝謝老天把你帶到我身邊，做出這麼符合我胃口的飯菜」。又譬如，出去旅遊的時候，她會說：「我愛你，謝謝你陪在我身邊」。再譬如，在過生日的時候，她會說：「今晚全世界都是屬於我們的，我將完完全全屬於你」。當然，還有更肉麻的話，換作我是難以說出口的。「深愛」小姐身邊的朋友看到這些愛的

075

第二輯　尋覓舊時光，裡面有滿滿的愛

告白都受不了了，都覺得臉紅。「深愛」小姐和閨密在一起的時候，跟閨密解釋說那些內容都不是自主發的，只是每每接收到他的消息之後所做出的反應而已。閨密說：「你呀！再這樣下去就快練成一名感情作家，都趕得上張曼娟了」。「深愛」小姐聳聳肩，說：「我真的不想這樣啊！」

故事的最後，「深愛」小姐還是選擇離開了「唯愛」先生。不為別的，「唯愛」先生讓她無法自由的呼吸，自由的去愛，整天就像活在瓊瑤的電視劇裡。分手那天，「唯愛」先生特別的難過，說自己愛的那麼認真，那麼深，最後面臨的還是分手，他搖著頭說：「不是這樣的，愛情不是這樣的，為什麼，為什麼……」他覺得自己那麼的愛她，無法接受這樣的結局，發瘋般的朝著那條走過無數次的街道跑去——這可是他們戀愛的必經之路啊！他咆哮著，比咆哮姐還要咆哮，否則不足以顯現出——這就是愛。

回到家裡，「深愛」小姐苦笑了一下，淚水潸然落下。她起身走到窗前，隔著玻璃望著外面，視線更加模糊。耳邊想起一句心碎的呢喃：「忘記你我做得到，一定做得到」。

我想，「唯愛」先生是真的很愛她，但他把現實生活中的愛類比於電視劇中的愛，在愛著她的時候又深深的感動自己，可是感動就一定是愛嗎？「唯愛」先生的愛有錯嗎？我不認為有錯，至少比那些不去愛的人讓人敬佩；但他忽略了一點，一個人越是愛別人，如果只是感動自己，內心的空虛就越大；於是，

他會不斷的向對方索取，不斷的伸出雙手渴望對方能感應、並有所回應。可是，愛真的不是交換啊！更不是要強迫那種深愛的感覺去觸動心底，愛真正需要的是自由，自由去感受。

可能「唯愛」先生到死都不會明白，「深愛」小姐曾經是那麼的愛他，她包容他，為他寫下那麼多肉麻的話，她曾經多麼的努力去適應他。

這樣的愛情注定是悲劇，所以我寧願果敢的說：「忘記你做得到，別再讓悲劇繼續上演了」。寫到最後，連我的心都不免困擾，只願這樣的傷痛別再發生。

以君共勉！

04. 愛人禮物相對論

許多人很在意貴重的禮物，其實在意的原因是你還沒有得到。而當你能輕易得到的時候，它已經顯得不貴重了。

當聽到「有愛在，送什麼不重要」這句話後，很多人都嗤之以鼻，所持的觀點大意是說，這句話太過理想主義。的確，在某種情況下，我們不得不承認這是對的。但我真的不信啊！前段時間，我聽到不少有意思的對白。譬如，為了能得到物質上的享受，有很紅的這麼一句話：「暴發戶，我們做朋友吧」！這

第二輯 尋覓舊時光，裡面有滿滿的愛

話很耐人尋味；因為，背後的含意是，和這樣的人做朋友，就有了某種連繫及情誼，而亞洲人又很講究「禮尚往來」的傳統。換句話說，和富有的人成為朋友，就可以得到很多自己渴求的禮物。類似這樣的流行語被大量群眾關注轉發，甚至還在網路上被不斷狗尾續貂，加油添醋的寫成一篇篇故事——

一位青年問禪師：「大師，我現在很富有，可是我一點也不快樂，您能指點我該怎麼做嗎？」禪師沒有直接回答，而是問道：「那你說說什麼叫做富有？」青年回答道：「我的銀行帳戶裡有8位數的存款，繁華地段有3間房產，難道還不算富有嗎？」禪師聽後，沒說話，只伸出了一隻手。青年見狀，頓時恍然大悟，說：「莫非禪師是要我懂得感恩與回報」？禪師搖了搖頭，說：「不，暴發戶，我們可以做朋友嗎」？

對於送禮物或獲取禮物的方式，或許是每個人的自由，抑或是價值認知的不同。電視劇《新還珠格格》當中有一句話特別有意思；紫薇和爾康為了愛情，曾許下「山無陵、天地合，乃敢與君絕」的誓言。在現實生活中，我相信也有很多類似的人，甚至還有匯集《新還珠格格》的紫薇和《我家有喜》中水喜兩位性格的人。身邊就有人說：「如果有一個像爾康一樣的男人這麼對我，我也會像紫薇一樣對他的。」其實，這些我們都不用去評論是非，因為，一切都是因為有愛。

每到情人節的時候，相愛的情侶們都會特別的忙碌，為了這個節日，他們投入了很大的精力、財力、物力。總之，在情

04. 愛人禮物相對論

人節的時候一定要在對方身上花很多心思、送上貴重的禮物才行。否則，就不足以證明自己的愛。我不得不說，這也未免太牽強附會了。愛一定有，但卻不一定非要有貴重禮物才能證明。

為了表達愛意，情人節那天節慶活絡了商圈的商家，譬如精品店、高級餐廳、各種消費場所。在這些地方不斷上演著一幕又一幕為了愛血拼的場景。如果是禮物不當，還有可能被甩，這絕不是危言聳聽。在我們的周圍就有不少因為送不對禮物而被甩的「可憐蟲」！

「禮物女」Z小姐和「眼鏡男」C君相戀不到一個月，結果在情人節那天出事了。不為別的，只因為送了一枚普通的戒指，而非鑽戒，Z小姐覺得受傷了。她認為C君不愛她，在這麼重要的節日，就隨便敷衍了事，那日後嫁給他，豈不得被他小氣死？以後自己生病了，會不會就買廉價藥品給她吃？結婚週年，是不是就在家裡簡單吃一頓飯？天啊！Z小姐簡直不敢繼續往下想。再加上身邊的閨密也跟著幫忙分析，這下問題變得太嚴重了。「分手吧！這樣的男人有什麼用」？閨密嘟著嘴說道。「對！你說的有道理，現在還沒結婚都這樣了，真要跟他過一輩子……」Z小姐用手托著下巴，眨眨眼說道。就這樣，一個當事人，一個閨密，兩者謀和之下，C君就被宣告出局。看來，情人節是他的劫難，流年不利。

上述例子不是特例，當然，我們也不能一竿子打翻一船人。就算要送禮物，也要根據自己的條件，不能打腫臉充胖子。我

第二輯　尋覓舊時光，裡面有滿滿的愛

就見過有人為了證明自己有多愛對方，向父母要錢，向親戚借錢，向朋友求援，甚至還有借高利貸的。這是何苦呢？就算這世上男多女少、僧多粥少，也不能為了看起來得之不易的愛情而毀了自己，傷了親人及好友。

　　PS：也許有人會說，你這是站著說話不腰疼，飽漢不知餓漢飢。可是，如果為了證明有多愛，而讓自己負債纍纍，到頭來也不一定會得到愛情，這樣的結局不是沒有過。

　　所以，我們還是得面對開頭所說的「有愛在，送什麼不重要」這句話，它並不是理想主義，而是讓相愛的雙方，懷著相濡以沫的心態去面對，平常日子和特殊日子裡送什麼禮物的不二法門。同樣是送禮物，為什麼很多人的效果是相愛更深，甜蜜滿懷呢？這是因為他們信諾「有愛在，送什麼不重要」這句話。

　　我曾經做過一些調查；譬如，在情人節那天，W 先生和 C 女士他們的預算就在 2,000 元以內，一束玫瑰花，一頓情侶餐，吃完後拉著手去散步或電影，這天過得很豐富、很開心。又譬如 T 先生和 H 女士，兩人的情人節更簡單。T 先生說：「隨著情人節的到來，鮮花的價格都比較高，餐廳也很難預訂。我覺得心意最重要，就親手為她做頓晚餐。如果真心相愛，簡單的浪漫也能打動人心」。說得多好啊！情人節最重要的是一份心意，只要用心，對方送什麼禮物並不重要，真情更能打動人。

　　有愛在，送什麼不重要，不只是在情人節，任何時候都一樣。有時候，我們刻意去安排的、花費了大量財力的，不一

04. 愛人禮物相對論

定就是最好的。要知道，很多人都是很容易受人影響，久而久之，原本很自然的愛意表達就演變成物質的大拼血，這樣的人，就是殘殺愛情的凶手，而苦果自然得由自己買單。很多人都憎恨物質男、拜金女，其實人還是原來那個人，只是因為受影響而迷亂了心智而已。你愛他，他也愛你，真的，禮物是什麼不重要，前提是雙向愛情都得真心才行啊！

如果不幸遇上物質男、拜金女，建議盡快遠離。就算被罵窮酸也不要緊。因為，你比對方更富有，你比對方更懂得什麼是愛；為了愛你會努力地去工作，而不是為了愛反而毀滅自己。

如果物質上實在拿不出像樣的，但你有一顆心，還有一張嘴，你可以心口合一，衷心說一聲：「親愛的，你辛苦了，感謝清苦的日子裡有你的不離不棄。」

很多人在意貴重的禮物，只是因為你還沒得到而已。當你能夠輕易得到的時候，它已經顯得不貴重了。久而久之，這樣的禮物也是一種累贅，而愛也不再有激情。

有愛在，送什麼不重要；真的，不重要。電影《失戀33天》裡，有一個富二代對待女人的理論是；他認為用占據自己資產比例不多的錢，去滿足物質女人的感情需求，達到某種交換，是非常划算的事。我覺得，這句話可以引申出某種適合大力推廣的理論。譬如，我們在條件允許的情況，適當的將物質——屬於我們的物質，拿來對待「真正感情」一樣的去對待真愛你的那個人，並藉此可以獲得感情的回贈。這也符合中國人禮尚往

第二輯　尋覓舊時光，裡面有滿滿的愛

來的良好美德啊！至於另外一些崇尚物質的人不在範圍裡。愛的禮物只屬於有愛的人，相濡以沫的人。

所以說，這是相對的，有理論可講的。如果禮物送得恰到好處，讓人滿懷感恩，那就更好了——是好上加好的好。

05. 我就要這穩穩的幸福

把歲月讀成深秋，把人生讀成穩穩的幸福。因為，深秋是收穫的季節，而人生就是收穫幸福的行囊。

最近，我知道一個關於「穩穩的幸福」的故事。T小姐和Z先生再次相遇的時候，已過中年。原先的他們不停地爭吵，互相認為沒有安全感。據T小姐回憶說，當年冬天即將邁入春天之際，長時間下雨，地面就像青春期女孩來了例假一樣，又溼又噁心。沒過多久，T小姐選擇了遠走他鄉，她想獨自一人生活，哪怕四處漂泊也無所謂。就這樣，一個人的生活，一個人的孤獨，在臺北的時間一晃就過三年了。那段日子裡，T小姐愛上了文字，她寫了很多內心獨白的日誌，譬如下面這篇——

三年了，獨自一人撐著天堂傘，走在淒冷的馬路上，無邊的思緒忘了飄向何處。

喜歡走在雨裡的飄渺感覺，任由來自天上的水淋透全身。

05. 我就要這穩穩的幸福

無邊無際的雨幕把世界扮得若即若離，恍如隔世。

很想有一個人陪，讓孤寂的靈魂得到安息。其實，很多時候我已經忘卻了什麼是孤獨，只是在某一觸景生情的時刻內心會覺得有些傷感。我回想起，曾經有兩個人一起走在雨裡的景象，只是想來已有三年了⋯⋯

兩人在一起的日子，經歷了分合、爭吵，終究沒能敵過流言的中傷。站在雨裡，我的思緒，陣陣作痛，從前的歡樂如今變得很陌生，習慣了一個人生活，也習慣了一個人去承擔責任。回想起過去的幸福時光，總有一個人會來敲響我的房門，為我做好一切。但——要離開的人終究會走，沒有原因。

如今，我坐在孤寂的長夜裡，寫著我的心情，我筆下的文字是我追憶的腳步。我聽著窗外淅淅瀝瀝的小雨，心彷彿走遠了。窗外小雨的聲音令人感到纏綿，這好似天籟，它也像寺廟中的木魚聲！咚、咚、咚，一聲聲敲在我的心上⋯⋯

時間過得很快，夜已經深了，而我的心情似乎不願意平復。我想我是把自己幽閉在內心世界，我逃不開它，也許我忘掉的只是一個身影，可是我無法忘掉我的思緒，也忘不了以往的愛戀⋯⋯

T小姐給我看這篇日誌的時候，眼裡閃爍著淚光。也許在她看來，還是錯過的幸福才是最想要的幸福。但我此刻卻又有了充滿矛盾的感覺，我為什麼要用「也許」這個詞呢？難道對她過往所擁有的那分幸福產生了懷疑？我的目光投向T小姐，我想

第二輯　尋覓舊時光，裡面有滿滿的愛

試圖搜尋出什麼，結果卻在她的一句話裡找到了答案。T小姐說：「最近喜歡上一首歌，陳奕迅的〈穩穩的幸福〉，特別愛他用中低音的嗓子唱著這首歌，簡直是迷死人了。」我聽見後，微微笑了笑，然後也用中低的嗓音說了一句話：「穩穩的幸福，穩穩的，多好啊」！

是的，誰不想要穩穩的幸福呢？就像歌詞中所寫 ——

有一天，我發現自憐資格都已沒有，只剩下不知疲倦的肩膀，擔負著簡單的滿足。

有一天，開始從平淡日子感受快樂，看到了明明白白的遠方我要的幸福。

我要穩穩的幸福，能抵擋末日的殘酷，在不安的深夜能有個歸宿。

我要穩穩的幸福，能用雙手去碰觸，每次伸手入懷中有你的溫度。

我要穩穩的幸福，能抵擋失落的痛楚，一個人的路途也不會孤獨。

我要穩穩的幸福，能用生命做長度，無論我身在何處都不會迷途。

我要穩穩的幸福，這是我想要的幸福。

身邊的死黨問我T小姐和Z先生的故事，最終結局是什麼。我一聽知道他和我一樣，期待他們有一個美好的結局。不為別

的，我太了解他了。我也很想說，如果在時光的拐角處，能拾得一枚幸福的種子並播撒在深深的雨季裡，我們就能把生活中的苦和痛打包成束，然後風乾在記憶的深處。因為，這就是生命中的珠貝啊！只可惜的是 T 小姐到現在還是單身，而 Z 先生在與 T 小姐分手後也經歷了好幾任女友，都不盡滿意。他似乎沒有明白穩穩的幸福到底是什麼，總抱以「下一個肯定會更好」的態度去尋找，但他忽略了自己才是真正的主體，唯有自我的生命成長符合積極向上的定律，才可以真正的體會到「下一個肯定會更好」的幸福感覺。同樣的道理，他和她也沒能明白，不管我們各種生命的表徵如何的不同，輾轉紅塵時的故事卻有太多相似，唯有真切明白自己的心意才可能締造一個和諧安穩的家庭。這就是穩穩的幸福，穩穩的讓人去營造生活，穩穩的讓感情平順交融。

　　T 小姐和 Z 先生的故事就這麼結束了，但這絕不是最後的結局。至少在 T 小姐最近喜愛陳奕迅那首名為〈穩穩的幸福〉的歌時，她已經在發生變化了，剩下的就是 Z 先生的態度了。當然，兩人如果真的還能在一起，還需要一種機緣。感情這件事不是說雙方都對等的時候，就可以在一起，也不是一方像不倒翁那樣就算頭破血流也不倒下，最後讓對方感動了，於是一方遷就。感情需要在某個時間、某個地點、某種交融一起的時候，兩個人才能「相約」走下去。

　　有一對年輕夫妻，他們從相戀到走進婚姻的殿堂一直在爭

第二輯　尋覓舊時光，裡面有滿滿的愛

吵，沒讓雙方父母少操心過。可是畢竟還是結婚了，而婚後的日子也時常在吵架中度過。其實，他們雙方的家庭環境都還算不錯，可是為什麼還要一天到晚互相折磨呢？用長輩們的話來說就是「不宜好」。這不，兩人因為臉書發布動態的事情爭吵起來，還到了要離婚的地步。這事說來有點啼笑皆非，起因是某一天男的不曉得哪根經不對勁，開啟電腦後突發異想登入了女方的臉書帳號，發現有這麼一則訊息互動率特別頻繁，其內容如下——

　　白天戒掉了香菸，但夜晚睡意並未如期而至。這就好像我準備離婚，卻看不到和你的未來。

　　PS：這是私信聊天，互動的雙方可以看得出來是一男一女。我不知道這兩句話之間有什麼關聯性，但卻被生硬的放在一起。不知如果當年的國文老師看道，會不會揚起手中的教鞭，在一聲清脆聲響中語重心長的說：當年我是怎麼教你的……

　　總有人問我婚姻生活中最擔心的是什麼。我說，最擔心某個不知道叫什麼的定時炸彈，因為某件事情而引爆。就這樣，兩個人的戰爭終於激烈爆發，從原先的小吵變為大吵，最後居然到了要去法院的地步，如果不是雙方父母出面調停，猜想真的會離婚了，也有可能是離了婚不久，又復婚。我這樣說，不是替年輕人貼上什麼標籤，而是，就連他們也說不清楚自己的行為準則。

　　前段時間，我去大賣場購物，聽見兩個年輕人在爭吵，他

| 05. 我就要這穩穩的幸福

們用得最多的詞彙就是：不可靠。譬如說，你能不能可靠一點，我才一天沒登入遊戲，你就把我的裝備廉價賣了，什麼意思嘛！又譬如，我哪裡不可靠了嗎？我要不可靠？能把你那不怎麼樣的裝備賣給一個可靠的人？我這不是為你著想，白花花的現金不要，難道要比特幣啊！我看你才不可靠。兩人就這麼吵來吵去，最後居然吵到要分手的地步。我搖搖頭，覺得這算是什麼事啊！好好的相處不行嗎？非要鬧出點動靜來，才感覺有存在的價值？

在戀愛中或者進入婚姻生活的兩個人，如果某一天其中一方突然沒有了安全感，那曾經擁有的「穩穩的幸福」，就變得不再安穩。如果為了愛一個人而放棄和損害做人的基本準則，這絕不是穩穩的幸福。因為，這樣的幸福感覺遲早有一天會坍塌。

一則傳說的故事：一個年輕人愛上了一個女孩，想娶她為妻。女孩說：「如果你要娶我，就帶著你母親的心來見我。」年輕人聽了，便向他的母親要心。母親什麼也沒說，就挖出自己的心交給兒子。年輕人高興地捧著母親的心去見自己的情人。可是，在路上他不小心摔了一跤。這時，母親那顆還滴著鮮血的心連忙問：「孩子，你摔痛了嗎」？這個故事說明母愛是偉大的，同時也是讓人心痛的。這個年輕人為了愛情，可以毫不顧忌的將愛建立在傷害親情之上，如此之愛，實在讓人痛心疾首。事實上，那絕不是愛情。原先以為安穩不過是暫時的，現在需要解決的是如何獲取穩穩的幸福。

第二輯　尋覓舊時光，裡面有滿滿的愛

　　我始終相信，在婚姻裡面幸福絕對不是附加值，而是本應有之。那些一點點蜜糖、一點點的幸福，在漫長的生活裡被爭吵、猜忌、憤怒、暴力、虛偽⋯⋯等不良因子包圍，怎能讓兩人的感情穩定前行，而「我就要這穩穩的幸福」不過是一廂情願而已。

　　所以，穩穩的幸福的確不易，要相信，很多人都索取得很多，卻奉獻得較少。也要相信，很多人和另外一個她或她總是錯過。更要相信，很多人都是在「亂折磨」、「不宜好」。其實，我更相信如果將「要相信」改為「要面對」會更好。要知道，只有面對才會讓我們去思索、考量 ── 我們到底該怎麼生活。而答案不就是穩穩的幸福嗎？這才是我們生活的唯一法則。

　　但願天下人都能把歲月讀成深秋，把人生讀成穩穩的幸福。因為，深秋是收穫的季節，而人生就是收穫幸福的行囊。

06. 那些深情的誘惑

　　將愛別人和別人愛你的分量放在天秤的兩端，它做不到絕對的等量。

　　金庸小說裡的英雄人物楊過，絕對是屬於深情的傢伙，不為別的，單憑他對姑姑小龍女的愛，沒得說吧！

06. 那些深情的誘惑

那些深情的誘惑，想起來讓人好有期待。因為有期待，所以有誘惑。因為深情，所以讓人難忘、深愛。日本女作家吉本芭娜娜的《月影》為我們講述了一個關於深情的感人故事，說的是一男孩的哥哥有一天送弟弟的女朋友回家，結果半路上出了車禍，雙雙身亡，從此，男孩每天都穿著一件藍色的水手服……這是我非常喜歡的一部作品，現在，我摘下其中的一些段落，以此描述什麼是深情——

一、可惡的上帝！我是如此深愛著阿等，哪怕為他去死！

阿等死後的兩個月裡，每天早晨我都會倚在那條河的橋欄杆上喝熱茶。因為失眠，我開始在清早跑步，而那裡正好是折返點。

二、自從她死後，儘管學校裡不要求穿校服，可是他依舊穿著這套水兵服上學。由美子喜歡穿校服。雙方父母都哭著勸他——這個裙裝打扮的男孩子，告訴他說，即使這樣做，由美子也不會高興的。阿柊卻是一笑置之。那時候，我問他這麼穿是因為傷感嗎？他回答說，不是的，人死不會復生，東西也只不過是東西而已，不過，穿上去覺得很有精神。

三、我想，阿柊現在一定不會像我這樣思念著她。男孩子是不愛顧影自憐的，也正是因此，全部的悲哀濃縮成一句話，透過他的全身、他的雙眸傾訴出來。我想，他是絕不會用言語表達出來的。假如可以換成話語，一定是非常、非常令人揪心的一句，那就是——

回來吧!

它更像是一句祈求。悲從中來。或許,在黎明的河灘上,我看起來也是那副頹廢的樣子吧。因此,浦羅才會跟我攀談。同樣地,我也想大聲呼喊——

阿等,我想見你,回來吧!至少,讓我們正正經經地道個別。

我自認自己不是那麼容易感動的人,可是當讀到吉本芭娜娜《月影》的時候,哭了。世間有許多關於長期的事,譬如,粉絲們鍾情於某歌星,儘管他已經不在世了,依然鍾情。一位女性朋友鍾情於 Leslie(張國榮),她對 Leslie 的所有資料如數家珍,對他的情意盡在緬懷中。為了這份鍾情,誰要是說 Leslie 的不好,就是她的「敵人」,她會用盡一切辦法來爭出勝利。我不得不說,鍾情的誘惑力實在是太強了。又譬如,我們寄情於一種告白,只要是接電話時,對方一說:「你想我嗎」?我們的回答總是:「我想死你了」。這跟馮鞏的相聲小品一樣:「觀眾朋友們,我想死你啦」!這也是某種鍾情,其中充滿了誘惑的感覺。

這世上,有什麼是值得我們去付出深情呢?每個人會有不同的答案。這世上,有誰配得上自己的深情呢?我們不細細思量,恐怕一時半會也想不出來。

這不怪我們,因為,有些人喜歡薄情,有些人喜歡深情。對於我們深情的人來說,你要說他是癡情也未嘗不可,他就

06. 那些深情的誘惑

是濫情，哪怕看見悲慘的事情就會落淚，就算出現在電視劇裡也一樣。可是這有什麼，他不過是願意為某些事、某些感情付出，跟別人沒什麼太大關係，僅此而已。只是，必須加上一個前提，如果你寄情於惡魔，那就太危險、太恐怖了；如果你寄情於一段根本不值得的戀情，那就太愚蠢、太悽苦了。所以，這事還得區分開來看。

「長情」小姐深愛著一個男人，是長長久久的深愛，完全的被他吸引。可是就在不久後，她給朋友打電話，哭得很傷心。她說，他和那個男人愛得很投入，對他特別的信任，他怎麼就背著我找其他的女人呢？

「長情」小姐的朋友被問傻了，一時無法回答。「長情」小姐一邊抽泣著，一邊繼續她的陳述。他們在一起 10 年了，曾經為了相愛勇敢地狂奔，可是 10 年的戀情卻因為一次偶然的事件而破碎了。Line 這東西是這幾年才興起的，但卻以驚人的速度發展。Google 一下這個社交工具，你會發現他的下載量超過 5 億次，而且，只要安裝在手機上就可以展示出它的強大功能，譬如交友。交友的手續也很簡單，只需搜尋一下，就有可能認識附近的人。簡單的問候，等到對方有回應，就意味著可以通話聯絡了，如果到後來得到對方說「出來見面」之類的話，「誘惑」可能就蠢蠢欲動了。當然，這還不是最具誘惑性的狀態，更「誘惑」的是，你可能同時和多個人擁有此般打破陌生感的成就感。

於是，我們會發現一個特有意思的現象，一些人馬不停蹄

第二輯　尋覓舊時光，裡面有滿滿的愛

的到這個地方完成「誘惑」，然後又馬不停蹄的到另一個地方完成「誘惑」，甚至有時候連地點都不用換，就在同一家旅館。「長情」小姐深愛 10 年的那個他就是受了這樣的「誘惑」。但她居然把他的出軌認定為是 Line 惹的禍。後來她醒悟了，說這事無關 Line，一個人要出軌，終究還是受不了外面的引誘！

可惜，「長情」小姐醒悟得太遲，以至於她的那個他屢犯不改。其實，這不怪她，醒悟太遲，是深情的羈絆太強。它的厲害之處在於：很長時間裡，你都不肯相信眼前發生的事就是事實，就是真相，而你還要想方設法的為其開脫。我們羨慕楊過和小龍女，那也是人家雙方都一直深情相對，雙方都堅定不移的去「吸引」對方啊！可現實的問題是，我們可以這樣要求自己，也可以這樣的提出要求，但別人為什麼就一定要按你的要求去做呢？我這樣說，絕不是反對深情的誘惑，也不是說不值得。我只是覺得，要想得到一份深情的愛好難。因為，用以衡量愛別人和別人也愛你的，不是一座天秤，它做不到絕對的等量。

「長情」小姐最後結束了 10 年的婚姻，她覺得就算自己一個人空守寂寞也好，至少不會再次體會付出深情後的傷心。而我想說，她錯了，她不懂深情的誘惑是來自於彼此的依賴。並且，她應該感謝 Line，感謝 Line 讓她領略了賊男人的心。

行文結尾，我突然想起兩句話：不怕賊偷，就怕賊惦記。你管得住一個人嘴，管不住一個人的心。因為，不管你認不認

同深情誘惑下面對突發事件的「災害性」，反正誘惑就擺在那裡，信不信由你。

07. 都想要先生與只想要小姐

　　唯有彼此放寬那些苛刻的索要，並以包容的心去付出，才對得起彼此不捨又真愛的心。

　　「都想要」先生與「只想要」小姐在一個浪漫的春天結婚了。因為有浪漫的存在，他們看起來原本不怎麼搭調的感情，最終還是鬼斧神工般的交融在一起。辦理登記那天，他們笑容可掬，牽著手回了家。之後，又是一個浪漫的開始。

　　「年輕男人是我的防腐劑」，這是我在網路上看到《OK！精彩》雜誌裡關於瑪丹娜說的一句話。老實說，我看這句話有些臉紅。因為，這話充滿了誘惑性，挑逗性、時尚性。當然，我不是要毀「三觀」。明確的說，只是要展開「都想要與只想要」這個話題。

　　需要說明的是，「都想要」先生屬於完全接納型的男人，而「只想要」小姐是屬於專一型女人。「都想要」先生擁有浪漫的氣質，男性的荷爾蒙極為發達，同時他交友甚廣，現實的、網路上的、公司的、其他城市的等等，就差國外的了。「只想要」小

姐出生於書香家庭，對浪漫和專一的事物與人特別鍾情。這也是讓人意外──他們看起來不怎麼搭調的感情，能夠卻能走在一起的重要原因。

有很多女人都不願意談性，他們寧願多去談論對男人的不滿。我最近和一位詩人交談，他曾有一段奇遇。當然，這是按照他的說法。他說他遇到一個世間的奇女子，如此的美麗絕倫，最重要的一點，她還是一名從事心理研究的女人，擁有感性的思維個性和理念。我不知道這是不是屬於靈修層次的範圍，總之，她有一個讓人耳目一新的觀點。她認為只要靈魂能得到自由，肉體給誰都無所謂。

張愛玲也說過「到達女人心裡的路要透過陰道」，看她的《色戒》，真把傳統的道德觀撕得粉碎。原來，女人也是具有色心的動物嗎？那張愛玲把一句很尷尬又貌似淫蕩的話說到女人們的心裡去了嗎？據說，看過《色戒》的人，心裡都產生了異樣的動盪。

還是說說「都想要」先生吧！他在沒認識「只想要」小姐之前，也有過好幾任女友，並且還鬧出過一些笑話。

某年歲末的時候，「都想要」先生參加一個派對。那時，他被一個女人深深的吸引，為她的身段和風韻著迷，於是心生強烈的愛慕之情。晚上回家的時候，他帶上了她。之後的事不用明說，反正一個女的願意跟一個男的回家，至少算得上是心意相通。完事之後，「都想要」先生正想表達心意時，那女的幾句

07. 都想要先生與只想要小姐

話就把他打回原形。女的說：「你真的不記得我了」？「都想要」先生一臉茫然，搖搖頭說：「我可是現在才認識你呀！」女的又說：「拉倒吧！三年前你不也把我帶回家嗎」？女的咯咯笑著：「看來，你真是一個薄情郎，連床單都跟當時的一樣，還說現在才認識我」？「都想要」先生既驚訝又意外，那表情都快被「啊」和「哦」淹沒。女的見狀，「哼」了一聲說：「我也沒指望你能記得我，但你總應該記得我乳房上的那顆紅痣吧」！「都想要」先生聽後，頓時無語。他怎麼也想不明白，女人怎麼記憶力那麼清楚，尤其是在愛的細枝末節裡。

這就是花心、健忘的「都想要」先生的陳年舊事。還好隨著歲月沉澱，他最終選擇了一個再也不會是以前認識的女人。不過，在他心裡，都想要沒有變過，那就是既要愛，更要「愛愛」。

命運給「都想要」先生開了一個玩笑，他最終選擇的女人是「只想要」小姐。這位小姐只要愛情的浪漫，對其他的不怎麼理會。這就造成一種有趣的現象，「都想要」先生想索要的時候，始終得不到滿足，於是心裡常常被空虛寂寞纏繞，偏偏「只想要」小姐認為這樣才是真正的愛。於是，「都想要」先生總感覺不滿足。於是，開始在背地裡偷吃。而「只想要」小姐心裡也犯嘀咕，他還是我當初想要的那個他嗎？就這樣，兩人的感情出現裂痕，婚姻進入危險的狀況。後來，他們也想過分開，但彼此心裡又留有不捨。直到有一天，「都想要」先生在陽臺上曬著太陽，腦袋裡開始回想著自己怎麼就認識了「只想要」小姐的時

第二輯 尋覓舊時光，裡面有滿滿的愛

候，他忽然覺得自己有種被作弄的感覺。

原來，「只想要」小姐由於一直堅持只想要，感情這事就一直擱著，這不，一拖延就到了 30 多歲的年齡了。她來到「都想要」先生公司的時候，兩人正好分配到同一個辦公室。事情的發展，也不能說是天雷勾動地火那般，就是一個普通人很正常地出現，然後，一個辦公室裡的人都平凡的交流著，有工作的事，也有生活的瑣事，一片正常得很的景象。有一天，「只想要」小姐加著班，其他同事都回家了，辦公室就她一人。她咬著嘴唇，手指在鍵盤上敲打，寫著企劃案。這時候，辦公室的房門被推開了，「都想要」先生端來一份熱氣騰騰的餐點放在她的辦公桌上，微微一笑，一句話也沒說，轉身關上房門就走了。

過了一陣子，「只想要」小姐要出差。她入住一家旅館，這時候，電話響了起來，「都想要」先生打來的。他們就這麼聊著的時候，旅館的房門響了，她說要不先掛了，應該是服務員送吃的來了，等吃完後再聊。

電話掛了的那一刻，房門也打開了。「只想要」小姐一臉驚異，他看見眼前站著的居然就是「都想要」先生，手裡正提著她最喜歡吃的 Pizza，而另一隻手還握著電話。

接下來的事，不用多說了。總之，該發生的都發生了。只是，我有些吐槽的感覺，這都算什麼事啊！追求一個女的，就這麼給搞定了？後來一想，這的確也不算個什麼事，追求人的方式有很多，總有一種會適合。我見過有人因為一句話，就追

07. 都想要先生與只想要小姐

上了那個她。我也見過一個替人送信的，因為出現的機率過於頻繁，最後送信的人和那個她在一起了。

從那頓「熱騰騰」的飯菜到特別喜歡的「Pizza」，從打開旅館房門，看到一個年輕、高大的「都想要」先生，原先「百毒不侵」的「只想要」小姐終究被「都想要」先生征服了，她肯定了他的年輕，他的高大，他的細心浪漫。不得不說，年輕、高大、浪漫、細心就是她的「防腐劑」。

「都想要」先生起了身，站在陽臺上眺望遠方的風景，他收回了剛才的思緒。突然間，隱約覺得自己——都想要——有些胡扯，而——只想要——也挺誇張的，可是他們畢竟在一起了。他又想，是時候要改變了，也希望她能改變。吃晚飯的時候，他脫掉了外衣，心裡有了一種害怕，自己還很年輕，難道就這樣和她過一生？「只想要」小姐似乎明白了些什麼，她思考著自己若是真的放棄了他，是否還可以找到像他這樣細心浪漫的人？可是夫妻生活到底是什麼，包含了哪些內容呢？都想要還是只想要？或許，都不對吧！

兩人默默地吃著飯，誰也沒有先開口說話。他們內心困擾著。最後，「都想要」先生打破了沉默，說：「不如晚飯後去看電影吧！或者散散步也好」。他們有好長時間沒有一起外出了。「只想要」小姐放下手中的碗筷，沉默了半响，然後點了點頭，她眼裡泛著淚花，她知道他心裡以前在意的是什麼，現在在意的又是什麼。

第二輯　尋覓舊時光，裡面有滿滿的愛

　　故事的最後，「都想要」先生和「只想要」小姐在經過一段時間的內心掙扎而醒悟。其實，這世上哪可能做到都想要和只想要，那是小說中才可能出現的。現實生活中，唯有彼此放寬那些苛刻的索要，並以包容的心去付出，才對得其彼此不捨又真愛的心。

08. 如果兩個人一生就是笛卡兒

　　這世上不是沒有純粹的愛，只是因為我們的愛過於氾濫，而被我們厭惡或不信了。

　　聽著〈黑板情書〉的時候，被裡面的一句歌詞打動：「太多勇氣要準備，寫一封黑板上的情書是愛你的宣言」。再看電影《廊橋遺夢》的時候被裡面的一句經典對白弄得思緒飛揚，裡面說：「愛情並不尊重我們的想像，愛情的神祕在於它的純潔與純粹」。而我寫「如果兩個人一生就是笛卡兒」，其實都是為了紀念我們當時追求純潔愛情的純粹。

　　寫下上面一段，我突然不知道該如何繼續下去，只能擱筆數日。直到有一天，我在網路上看到關於笛卡兒心形線的故事，內心湧起一種衝動，是時候書寫在喧囂世界裡漸漸遠去的純粹愛情了。

08. 如果兩個人一生就是笛卡兒

我不知道有多少人讀過笛卡兒的這個故事,但我想應該很多,畢竟它可以流傳到世界各地,而且這樣純粹的愛情故事絕對可以稱之為愛情世界裡的典範,只不過是悲劇收場罷了。它給予世人的是無限的唏噓和感傷。有時候,我在想,如果笛卡兒不是一位數學家,他只是一位普通人,他的這段愛情又會怎樣?或許,他和公主應該連相遇的機會都沒有了吧!或許,他的純粹愛情終將得以實現,不會一生孤苦零丁。

我們多數人把愛情都建立在純粹的基礎上,至少一開始的時候是這樣,他們都期盼著美好的結局,但也有不少人缺少把愛說出來的勇氣,他們選擇的是一種被稱之為「隱祕而宣」的方式,這就使得原本可能美好的愛情變為「愛難猜」了。再說笛卡兒,他是一名教師,他時常與黑板打交道,而且克里斯汀公主還是他的學生,就算笛卡兒害羞,那他也可以暗示,找一個只有他們兩人在一起的時段,在教室的黑板上書寫「情書」,克里斯汀公主的功課不就是在笛卡兒的細心教導下突飛猛進嗎?那她也可以早點看出笛卡兒的另類講義 —— 情書。如果笛卡兒早點完成它的話,並把它書寫在黑板上,結局還會一樣嗎?

在我看來,應該不一樣,因為這樣一來,就會得到其他人的認可,而純粹的愛情就會開花結果。這裡的純粹,是說我們不再憑藉想像去構造一個愛的世界,它更多是出於一種很單純的動機。譬如說,我出於欣賞,愛上了你;我因為一見鍾情,愛上了你;我因為氣質和風度,愛上了你。但是,如果說我因

第二輯　尋覓舊時光，裡面有滿滿的愛

為感激，愛上了你，我因為你的財產，愛上了你，這樣的「純粹」實際上已經不再純粹了，它背後包含的動機和因素過於複雜。

每個人都渴望純粹的愛情，並希望可以在黑板上大書特書，讓世人欣賞崇拜。但絕對純粹的愛情是不存在的，它僅存在於剛開始的一剎那，隨著生活的介入，它會慢慢增加許多內容，我們對純粹愛情的認知會發生變化，但這絕不等同於愛情變了質。除非，愛情進入尋常生活後，再也經不起考驗，最後分道揚鑣。

可是，那些年，我們希冀的黑板情書，那些年，我們都渴望的純粹愛情，到了現在，還有多少可以書寫。我看到很多一開始那麼純粹的愛情，後來卻被各種自私、功利、金錢、權力攪和而變得血肉橫飛、爾虞我詐。

一位朋友住家樓下的一對夫妻，他們之前那麼純粹的在一起，那麼樣的共度風雨；日子好了卻爭吵不停，甚至大打出手，到了要離婚的地步，曾經的「我欣賞你」、「我認定你」已經化為烏有。其實，他們不是不愛，而是當生活摻入更多的內容後，他們發生了變化。譬如，對過往的容顏不再滿意，對過往的穿著打扮覺得老土，對夫妻生活提不起激情……

每到這個時候，如果我可以說點什麼，總覺得我們還是應該擁有一種緬懷的心情，懷念那些黑板上的情書——那些第一次見面時，生出好感而說出的話，抑或埋藏在心裡的告白。

愛要說出來，愛要寫出來，愛要隨著生活內容的增加而相

08. 如果兩個人一生就是笛卡兒

互適應。這世上不是沒有純粹的愛,只是因為我們的愛過於氾濫而被我們厭惡或不信了。

所以,聽著〈你會愛我到什麼時候〉,有太多的感觸在流淌,只願我們都可以在需要說出和表達愛的時候,讓彼此都維持純粹。只有這樣,我們才不會擔憂「你會愛我到什麼時候」這樣的問題而沒有答案。並且,我還止不住地去想,如果兩個人一生就是笛卡兒,那將會是怎樣?當我再看《廊橋遺夢》的時候,已然有了答案:愛一個人真的不再困難,也不會再為小事抓狂。就算我們在心亂如麻的時候,也會因為想起當初為愛付出的純粹而變得理解和包容。

如果兩個人的一生是笛卡兒,他們一定會天長地久。

第二輯　尋覓舊時光，裡面有滿滿的愛

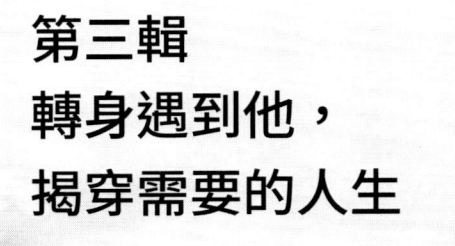

第三輯
轉身遇到他,
揭穿需要的人生

第三輯　轉身遇到他，揭穿需要的人生

01. 當愛變成敷衍

當愛變成敷衍，只願又因敷衍明白愛。

「敷衍」小姐此刻正跟相戀三年的容先生電話交談。以前，「敷衍」小姐和容先生通話的次數比較頻繁，她一點也不敷衍，兩人愛啊愛的，很幸福。

後來，「敷衍」小姐進入一家外貿公司，發展越來越好，而容先生依然在原來的廣告公司當一名普通職員。

一天晚上，容先生拿出手機，翻開通話紀錄，快速撥出電話，片刻之後，電話那頭才有回應——往常基本上是一撥即通，這足以證明對方在遲疑，但情沒斷，所以還是接了。且聽他們關鍵性的對話——

男的問：「那你還愛我嗎？」

女的回答：「愛啊！」

男的追問：「你真的愛我嗎？」

女的有些慵懶的回答：「愛——啊！」

男的想繼續確認，說：「你是真的還愛我嗎？」

女的慢吞吞的回答：「愛——愛——愛——」

男的還想說些什麼，卻被對方一句「我很累了，改天再說好嗎？」給硬塞了回去，隨即電話那頭掛斷通話，整個溝通不到三

01. 當愛變成敷衍

分鐘就結束了。

說起「敷衍」小姐和容先生的相遇，可以用「轉身遇到他」來解釋。那時候，他們如同南轅北轍，背道而行，互不相干；多年後的某一天，「敷衍」小姐轉身了，卻發現他就在身邊，那樣的感覺就像艾歌的一首歌〈你是我今生的唯一〉所唱：「就在那個夜裡，我就愛上你」。

那天晚上——在聚會中，「敷衍」小姐和容先生在KTV裡歌唱，一曲唐古的〈做你的心上人〉讓兩人有了相互的依靠，他們深情地唱著：「……被你吻過的唇，做你心上的人，醒來在每一個美好清晨，要你說愛我說的那麼認真，直到老了的白髮皺紋」。受傷的人會說情歌是療傷的毒藥，這種藥的毒性一旦發作會擴散蔓延，但若是有緣人，他們就會緊緊相依。若是無緣人，就會痛上加痛，彷彿世界末日一般。非受傷的人面對此觀點，多半會嗤之以鼻，認為這是誇大其詞。所以，感情這件事，仁者見仁、智者見智，不身在其中，還真很難了透深邃。可是「敷衍」小姐和容先生他們之間了透了，在經歷了擦肩而過、南轅北轍後，他們走到了一起，並且熱烈如乾柴烈火。KTV聚會結束後，他們沒有回家，而是去了賓館。

之後的一段日子過得很甜蜜，就像十八歲那年談戀愛一樣，一切都那麼新鮮、纏綿、樂趣……「敷衍」小姐和容先生著實都年輕了一回。半年後，「敷衍」小姐因工作調動，去了其他城市，而容先生依然待在原來的城市，他們都信諾著「距離不是

第三輯 轉身遇到他，揭穿需要的人生

問題，只要有愛在」的箴言，並說好一年後就結婚。

沒有「敷衍」小姐在同城的日子裡，儘管容先生一開始略感不習慣，但幸福的感覺大於不適應的感覺。他們也時常通電話，相互慰藉。只是有一點不同，容先生表現得更為強烈、更為主動些。他覺得兩個相愛的人是不應該分彼此的，可是他忽視了戀愛中的兩個人如果一方過了火，另一方就會處於「弱勢」——但實際上，這樣的「弱勢」隨著事件的累積，感情的冷卻或回歸到正常生活中，它會變得強烈明顯：選擇愛與不愛、選擇愛的多少、選擇在乎愛和不在乎愛的主動權都回歸到自己身上。

所以，「敷衍」小姐去了一個陌生的城市，那裡有更多新奇的事物在吸引她，她覺得自己還可以繼續享受另一番愛的滋味，這些是遠在另一座城市的容先生不能給予的。有人說他們兩人可以到同一城市生活，但容先生沒有這樣選擇，最根本的原因是他不想依靠「敷衍」小姐，這不像一個男人，而且，他以為這樣做會讓「敷衍」小姐更加愛他，他們的感情也會更牢固。因為，容先生這樣做是為了向「敷衍」小姐傳達他的進取心、獨立能力。其實，這些都沒有錯，甚至很多女性會認為，這樣的男人多好啊！嫁給他一定會有好日子過。

可是，容先生不明白，「敷衍」小姐比他強勢很多，容先生也不明白「敷衍」小姐是否對愛情有堅守一意的決絕。事實真相卻不是如此，「敷衍」小姐覺得自己還不算老年輕，還可以等

01. 當愛變成敷衍

等，她還想繼續體驗那種如乾柴烈火般的愛情，這是她的一份享受，一份企盼。可是「敷衍」小姐又不願意放手容先生，在她的心裡，容先生是她人生中的一班車，接近末班收尾的那班車。

我覺得這故事注定是悲劇。可惜容先生明白得太遲，他跟我講述他和「敷衍」小姐的一切時，臉上顯得憂鬱但又充滿期待。其實，他不過是在等一句話：她決定不愛我了。但「敷衍」小姐真的很敷衍，真的讓人心裡沒底啊！

當愛變成敷衍，「敷衍」小姐和容先生的故事還在繼續，人世間像他們一樣的還有許多。而男人或女人們在面對「愛的敷衍」時，沒有多少人能做到決絕的斬斷，他們內心存有對愛的期待，存有敷衍下的感情也可以過一輩子的奢望。一對夫妻，他們結婚有十年了，他們在婚後的第六年，女的一方表現出對愛敷衍的狀態，男的長時間都沒有察覺，以為十年的感情是牢不可破的，可是女的呢？早就已經無心眷戀，誇張點說就如同冰火兩重天。女的說在外面可以找到對其散發濃烈激情的對象，可是回到家裡這個地方就覺得索然無味，但她不想拆散這個家，其實是為了給自己留一條退路而已。她害怕有一天外面的那個他突然棄她而去，所以，她不願意對家裡那位敷衍做得太過明顯，然而……誰都知道這是欲蓋彌彰。而男的在經過好長時間的不明白，卻在明白後又拿捏不定主意：是分是合。

這對夫妻他們以敷衍的相處方式繼續著往後的日子，若是男的也變得敷衍，在外面尋求「積極」，那可真的會雙雙晚節

第三輯　轉身遇到他，揭穿需要的人生

不保。

　　我不得不吐槽了，愛情變成敷衍，愛變得越來越稀少，不管出於何種理由——譬如，我厭倦他了；我覺得當初嫁給他是一個錯誤的決定，現在想找回青春年華時期的「愛的感覺」；我覺得他沒有出息，幾十年了還是一個樣；譬如，還有更多……可是，既然你都有那麼強烈的感覺了，當初又是怎麼想的呢？現在既然覺得後悔了，幹麼不一刀兩斷，你這樣拖泥帶水的拖延，是應該用慈悲之心來解釋，還是說你還在顧全大局？可是算算年齡，你的孩子也不小了吧！他們也成家立業了吧！只是，你沒有選擇「覺得」，說明還是心裡不捨得——當初你選擇的那位還是有不少優點的，只是即使經過歲月的沖刷，沒有將你那份青春時期擁有的強烈躁動熄滅，還想尋求刺激，證明自己還有足夠的魅力而已。於是，這樣的你可以有「讓愛變成敷衍」的先決主動權。

　　容先生和「敷衍」小姐的故事就是如此。只不過「敷衍」小姐更有主動權罷了。所以，痛苦的是容先生。最近，他的身體狀況越來越不好，他喝酒、他抽菸、他鬱悶、他傷懷……一切可以緩解心中痛楚的方式他都想嘗試。我見猶憐地勸慰他：這樣真的不值得，愛不是一個人受罪……

　　我不曉得容先生會不會選擇與「敷衍」小姐分手，但我知道因為他，成就了一篇關於「當愛變成敷衍」的文章。既然如此，就權當紀念，寫下某種感情狀態的分析。可是我心有不甘，也

不是乾著急，只是覺得感情這事太神奇了，難怪我們明知道兩人不可能在一起，還要拚命地去索取，渴望奇蹟的突然降臨。

當愛變成敷衍，敷衍的是愛情，還是你曾愛的那個人呢？很明顯：我們敷衍的是那份得來不易的愛。當愛變成敷衍，只願又因敷衍明白愛。

這樣的話，就太好了！

02. 有一種分手叫做過往

不是所有的感激都可以讓我們成為戀人，不是所有的關懷備至就可以讓一個人投懷送抱。與過往女孩分手，分手的只是過往而已，現在的我們，一定要活得更好才行。

聽著周桐同青春洋溢的唱著〈那時候哥還小〉，心被拉到過往的歲月裡，如同火焰在燃燒。我的朋友小C生活在另一座城市，他打電話給我，說多年未見，好不容易才從另一朋友那裡得知聯絡方式——我知道他的意思，這麼多年沒見，如果不是在某種機緣的巧合下，恐怕今生很難相見了。後來，我旅行到他所在的城市，跟他見了面。在一起吃飯的時候，我們聊起了過往。

小C是一名髮型設計師，可是在許多有刻板印象的人眼裡，

第三輯　轉身遇到他，揭穿需要的人生

他就只是整天在做著洗髮、剪髮、吹髮這類「簡單」工作。一個人或者一群體被貼上標籤，不一定是好事；就好像一個不喜歡別人說他是幾零後的人一樣，誰跟他說就跟誰吵架。當然，也有一些人特別喜歡別人稱呼他們的身分：譬如說，XXX 就是知名作家、XXX 就是業內資深人士……這樣的身分稱呼讓人覺得備受尊重。小 C 說他不會在意世俗的眼光和看法，大約五年前，他資助了一個女孩，但最後跟分手了。我聽後沉默了半响，然後他突然說道：「看來，一個人的感情確實沒法說，因為感情始終是很個人的事。」我盯著他，依舊沒有說話，心裡卻發生了微妙的變化，我想，他定是受到了感情難以磨滅的傷痛。看他痛苦又無奈的表情，我輕聲說了句：「你願意傾訴嗎？」

據小 C 說，故事的大概是這樣的，那一年他資助了一個 M 姓女孩上大學，女孩很感激他，兩個人的年齡有一些相距。都說吾家有女初長成，如果用這句話來形容 M 姓女孩也不為過，因為真的像是出水芙蓉，18 歲，多好的光陰，她身心都很成熟。在剛認識 M 姓女孩的時候，小 C 就內心悸動，愛上了她，可是 M 姓女孩不確定自己是不是也愛他，她只知道眼前這位大哥哥人品真的人很好。有時候，她會感動得哭出來，畢竟大哥哥自己也不算富裕啊！可是他卻願意為了自己的學業那麼用心地付出。

我不知道如果是換了一個人去傾聽小 C 的傾訴，心情會怎樣，但我知道的自己內心有些說不出的難受。小 C 是愛上 M 姓女孩了，是大哥哥愛上小妹妹那種，他決定等，等她畢業，然

> 02. 有一種分手叫做過往

後好好的跟她談一場戀愛 —— 小 C 不想因為自己而影響到她的學業，這是他不願意看到的結果。

M 姓女孩越來越美麗，越來越有韻味，但是她畢竟是大山裡走出來的孩子，她未諳多少世事，她懵懂的內心也在一天天發生變化；這個大哥哥或者說，這個男人真的很好。只是這樣的好隨著時光的推移而逐漸產生了異樣的感覺：好像這不是愛情中的美好感覺。更多的只是一種感激，一種困在風雨中，有人熱心的遞給了一把傘的感覺而已。不僅如此，M 姓女孩在時光的磨練中，愈發覺得自己就是他的一個過往寄託，一個資助過的小妹妹。現在她長大了，會有屬於自己的新鮮世界。伴隨著這樣的思緒，慢慢的轉變成為一種感情和待世的思維準則。所以，M 姓女孩在很長一段時間裡情緒處於「半醒半夢」之間，她這樣的狀態注定讓小 C 內心充滿了某種期待。

但我總覺得，不是所有的感激情愫都可以轉化兩人成為戀人，不是所有的關懷備至就可以讓一個人心甘情願地投懷送抱。可是小 C 那時候不明白這些，他一意孤行，離開家鄉，放棄事業，來到 M 姓女孩所在大學的城市，他想重頭開始，他想更方便的去照顧她。

當 M 姓女孩見到小 C 時，臉上充滿了驚訝的表情，只是驚訝，沒有驚喜。可是她也不好說什麼，就算在她被小 C 擁抱的那一刻，她的落淚，也不是表達愛意，有的僅是最初的感激之淚。的確，愛真的好難說出口，而不愛，有時候同樣有口難言。

第三輯　轉身遇到他，揭穿需要的人生

　　我靜靜的寫著上述文字，忽然覺得好傷感。陌生的城市，一個男人為了愛用心打拚，皇天不負有心人，他在那座城市站住了腳。他和 M 姓女孩經常見面，持續照顧她。到了畢業那年，M 姓女孩要外出實習，和她同行的當然還有她的同學，有男有女。臨行前，小 C 對她告白，說出自己的心聲。她聽後略有遲疑，隨後沒有過多的反應，只是微微點頭，輕輕說了一句：「給我一些時間，好嗎」？

　　三個月後的一個夜晚，小 C 接到了 M 姓女孩的電話，電話的那頭一開始充滿了溫情的回憶和感激，隨著才是說話的重點，她斷斷續續的說，我們之間不合適，她想要屬於自己的新生活，但永遠忘不了自己曾經有一個可以用生命去交換的大哥哥，如果到老的那一天，他需要照顧，她會毫不猶豫的去照顧。小 C 呆住了。不曉得如何去表達。更重要的是自己做不到「強迫」她跟自己在一起。他想起過往的日子，為了資助她完成學業，烏黑的頭頂增添了一些白髮；這時他的心裡湧起一種說不出的感覺，後來，他明白那就像碎髮放在手心裡，斷得一截一截的。他明白自己曾經愛的那個她只是一個過往女孩，過往女孩已不再是現在的女孩，過往的愛也不會是現在一定能夠擁有的愛。

　　小 C 是一個善良的人，他真的很善良，他並沒有因此而心懷恨意。只是，我聽到故事的結尾，內心忍不住泛起一陣莫名的傷痛。我想，我寫下的這些故事，內心曾一次次的泛起漣漪，但卻從來沒有像這次的感覺，我身邊的朋友曾勸我不要「入

戲太深」於這些故事當中，要我記住：你就是一個傾聽者，你在寫作，僅此而已。

小 C 認真的去資助和照顧著一個人，那個人也一天天成長，那個人在某一天明白了一些事和道理，用自己的心意選擇了新的生活，我佩服她，讚美她。儘管她用自己的成長放棄了他，這沒有什麼的。愛一個人，絕對不是要用感激去成全。

小 C 的善良同樣值得我們去讚揚。但他要從傷痛中恢復，需要時間，他回到住處佇立在窗前，隔窗而望，眼裡泛出點點淚光。他從嘴裡慢慢說出：與過往女孩分手，希望她過得更好。

行文結尾處，我想起在聽小 C 陳述過往的時候，收音機裡正放著周桐同的〈那時候哥還小〉。懷念過往是一種念舊，只是為了印證過往歲月中的酸甜苦辣，然後，以從容一笑的姿態去面對。

與過往女孩分手，分手的只是過往而已，現在的我們，一定要活得更好才行。

03. 往事隨風情已過隙

少年狂與逍遙遊，狂的是少年，逍遙的是過往的遊歷。

我特別喜歡趙傳的歌。喜歡他的聲音，喜歡他的深度。就如他 2014 年的新歌〈少年狂〉，我一遍又一遍地去聽，他那麼飽

第三輯　轉身遇到他，揭穿需要的人生

滿青春和回憶的唱著：「我願能看懂每一粒沙,任策馬狂奔從不害怕,心中能納無盡的無盡的遠方,胸中熱血敢為你而灑……」不得說,唱到心坎上去了。我們的少年狂,我們的風吹沙,揉著眼睛眺望遠方。

讀書時代,我們都喜愛聽著小虎隊的歌,最能感受到那份少年般的逍遙。後來,我們漸漸長大,遠離少年時光,卻不知依然犯著少年的錯誤,那些甜蜜的傷口現在回想起來,依然忍不嘴角流出笑意。

前不久,聽讀書時代的夥伴 M 聊起某某,彷彿一下子時光被拉近許多,夥伴說在某個車站遇見小 F,想起那時候的約定,之後付諸一笑,找了一地坐下來閒聊時光往事。我在電話裡聽著夥伴 M 的陳述,忽然覺得時光真的好美,我也想起曾經對某人說,如果有一天相遇會怎樣,可如今,也只能是想想而已。所以,我覺得比光速更容易改變的應該是;物是人非吧。就像我在下班後,搭上公車,因為疲憊而睡著,一個恍惚睜眼,前排座位就換了人,窗外景色也變了樣。

繼續聽著夥伴 M 聲音低吟的陳述,他懷念在學園裡的一顆梧桐樹下和小 F 閒聊暢談,背誦課文,朦朧的愛戀情愫逐漸流露,大有兩小無猜的感覺。後來,這樣的感覺被揭穿,他們進退維谷,回頭也不是,前行也不是。但畢竟是少年,有青春的張狂和勇氣,更有少年特有的逍遙,終於,他們第一次產生了「胸中熱血敢為你而灑」的衝動。接著,老師發現了「不正常」的

03. 往事隨風情已過隙

苗頭，那是趕緊「棒打鴛鴦」還是「苦口婆心」的教導勸阻，全憑老師的處事風格。

小 F 是夥伴 M 的中學同桌，紮著馬尾辮，亮麗的青絲又緊又滑，笑著的小臉兩邊露出淺酒窩，她是班上的國文課小老師，她喊起立時字正腔圓，收作業時趾高氣昂，鼻孔朝天。小 F 生得好看，跟成績落後的同學講解功課時，臉頰幾乎能碰到他們的鼻子。有一天，小 F 跟夥伴 M 講語法，她貼得那麼近，呼吸聲都聽得見，夥伴 M 的心砰砰動，他想像著要是能和她兩小無猜，一起上下學該多好啊！但他們的家不在同一方向，一個在東，一個在西，根本沒有同行的機會，所以夥伴 M 只能在通勤的過程中假裝與小 F 一路暢聊。

我從開始寫文章那時候，就對「兩小無猜」這個詞彙抱有依稀的懷念。因為，兩小無猜的確是個有趣的詞，比喻幼時男女親密無間的狀態，而我也會想起我和表妹之間，兒時的嬉戲玩耍，那樣的感情，足以讓人一生回味。不過，我也聽一些身邊的朋友說，若僅僅是用親密無間來解釋兩小無猜，還是不夠完全的，他們覺得兩小無猜應該是像一對停落在樹梢上的相思雀，它們除了親密無間，在外出尋食的時候還會相互掛念。這種掛念會隨著時光的前進，然後在某一天轉化為愛戀。但最終能不能在一起，還是無法肯定的。所以，我倒覺得就算不能在一起，那也是一種美好、滿滿的青澀回憶。

那時候，夥伴 M 和小 F 跟我和表妹之間的感情一樣，像什

麼都不懂,又像是什麼都懂,卻會為橡皮直尺、零食小吃、俏皮拌嘴之事而爭執得不可開交。不過,我覺得更有趣的是他們在桌上畫過三八線,桌下悄悄掐過手;他在她背後貼過字條,她在他腕上畫過相思雀。我想,這也是少年狂與逍遙遊的張揚個性之一。有一次上國文課,小F從書包裡拿出一只很漂亮的荷包給夥伴M看,夥伴M也不知道自己為什麼會看那麼長時間,可能是因為那只荷包真的很漂亮。這事被國文老師發現了,就問他們在做什麼。夥伴M抬起頭氣定神閒地說在看荷包。全班同學聽後哄堂大笑。而小F則羞愧的低下了頭,夥伴M則被罰到教室外面站一節課。放學後,他告訴我一個人站在空無一人的走道感覺一點都不難受,反而很幸福。

年少的時候,容易把那麼一點點美好的感覺細細珍藏,也容易為一些事而義無反顧,張狂逍遙。這次荷包事件並沒有因為國文老師的罰站——而讓夥伴M跟小F分開來,甚至到後來被國文老師硬生生地將他們倆個分到了不同的班級,依然沒能阻止他們。

我曾經以為他們會最終在一起,結果卻在會考後兩人各分東西。那時候,少年狂的心裡沒有了逍遙遊,只有了煩惱和悵然若失,那個年紀莫可名狀的悵然若失,就像天氣變化的時候一樣難以捉摸。某個週末,夥伴M收到一封信,他迫不及待的開啟信封,然後,看見夾在信件裡的照片,高興得跳起來:衣袖飄舞,心情狂喜,照片裡的小F好漂亮。以前,夥伴M會說

他好看,現在,他改口說真的好漂亮啊!現在的我知道夥伴 M 眼中的好看和漂亮哪裡不一樣:好看是透明的,漂亮是花花綠綠的、沁入到心扉的驚豔。可是好景不長,夥伴 M 在收到第三封信的時候流淚了,小 F 說她要搬家了,這意味著以後可能不會再聯絡了。那一天後,夥伴 M 時常鬱鬱寡歡。

就這樣,他們的連繫因其中一人要搬家而使原本「兩小無猜」的感情狀態清散歸零。就這樣,少年狂和逍遙遊增添了夏日陣雨的多愁善感。某一天放學後,我和夥伴 M 坐在河堤邊,夥伴 M 細數那些叫做懷念的少年狂:比如,在某個週末的下午書店裡,他曾輕輕的吻過她;比如,在一次考試過後的當口,他和她想著畢業後的美好日子;比如,他為了某一句話,出於保護的理由,把高年級的眼鏡男給揍了,然後放下狠話:不准再說她的壞話,否則見一次打一次。

我想起那些少年的時光,一不小心就會想起某個人。於是,上面的文字看起來有些散漫,甚至是不知所以,但真的是心中有日月,如同小小新娘花,它讓我們想起過往少年的歲月,從童年到少年,從癡狂到逍遙,不管是歡笑還是淚水,心中的那個他或她依然是夢中的神話。

夜晚,起風了,那是涼夜。少年,少女,一個在南,一個在北,不知道還會在某一時刻駐足窗臺否。正如夥伴 M 在某天遇到讀書時代「兩小無猜」般的她,最多只是敘舊閒聊一下,不會有別的。因為,我們都有了彼此的家庭,但人做為感情動

物,是有內心回憶的空間,這個空間是堆放過往最美時光的平臺;每每想起那段青春歲月,然後,深情地哼唱趙傳的歌:我願能看懂每一粒沙,任策馬狂奔從不害怕,心中能納無盡的無盡的遠方,胸中熱血敢為你而灑⋯⋯

少年狂與逍遙遊,狂的是少年,逍遙的是過往的遊歷。有一天,回到兒時就讀的學校,耳邊似乎還迴盪著當年在操場上的吆喝聲,那是我們曾經揮灑青春的時光。

往事隨風,情已過隙,權以此文獻給過往的青蔥歲月。

04. 因為她愛上她

最終沒有在一起的人,不一定就不是最愛的;最愛的那個人也終將明白什麼才是真愛,然後決定和誰在一起,過上什麼樣的生活,並且不會再孤獨。

此刻,我和小衫坐在咖啡廳,閒聊。

小衫說:「從學會愛一個人,到真正愛上一個人,真的很不容易」。然後,他開始了冗長的敘述。

小衫和藝迪是在一次補習的時候認識的。剛開始,兩人的關係就是普通朋友而已,小衫從沒想過有一天會和她在一起。

有一次放假,小衫跟朋友出去喝酒,結果喝醉了,就靠在

04. 因爲她愛上她

路邊休息區的座位上小憩。為了不麻煩朋友，就讓他們先走了，一個人倚靠在椅子上的小衫在狂吐後，感覺腸胃空空的，大腦感覺一片空白又沉重。他抬頭看看周圍的景象，夜已涼，風吹樹動，行人孤單，唯有路燈上那不怕死的飛蛾在勇敢的飛舞。小衫搖晃了一下頭，想讓自己稍微清醒一點，不久，他開始翻手機——只想找一個人陪或者送自己回家。

當時已過12點。如果不是藝迪跟她媽媽吵架，如果她不願意出門，如果她只是一個過客，那她絕不會和一個普通到不能再普通的朋友深夜相見。對此，我們只能說兩個人的相見是一種巧合吧！老天若要讓兩個普通關係的人在一起，是不需要太多的解釋，過多的如果都是我們對如果的稱讚或不甘。

深夜，小衫和藝迪在路上聊著天，兩顆心不知不覺越走越近。我們得感謝語言，感謝語言帶來的溝通和融合。小衫說：「那一刻，也許她已經把自己當成我的女朋友了，又或者因為太難受，想找個依靠的對象……然後，我就抱住了她，很久很久才鬆開……」

第二次見面——應該說是約會，藝迪告訴小衫說第一次有人這樣抱她，當時特別緊張。小衫聽後，心裡不知怎的竟然有一種澀澀的失落。但他還是抓住了她的手，而她也沒有甩開。他們走到一個街角路口的時候，小衫傳了一則簡訊給藝迪，只說我們在一起吧！

接下來的日子，兩人之間每每充盈了開心和快樂的時光。

第三輯　轉身遇到他，揭穿需要的人生

隨著相處的日子增加，兩人的一些性格和習慣逐漸顯現出來。譬如，藝迪是一個有事沒事就喜歡耍一些小性子的人；譬如，藝迪的性格多疑。至於小衫，他是個眼裡容不下沙子之人，但為了藝迪他還是盡量寬容對待。

世有風雨也有晴，事有圓滿也有缺，這意味著世事多變。想來，這對年輕人個性上的衝突就要發生了。我很相信家鄉一位老人說的一句話：「愛需要滿滿磨合」，現在的年輕人沒那份耐性，難怪要出事。現在看來，這句話更加準確、在理了。

在小衫和藝迪相處的第二個月，那天是星期天，藝迪翻到小衫臉書上跟他一起長大的知己，這位女姓友人跟小衫臉書用的是情侶名。藝迪覺得這事太嚴重了，怎麼可以這樣呢？多疑的她決定不再理會小衫——打電話絕對不接，Line 訊息不讀不回。

可是那時小衫是愛藝迪的，他決定親自去她。

小衫清晰地記得那天的情景——

冬天，寒風，一個人在風雪中駐足等候，他不停的搓著手、跺著腳；

時間一分一秒過去，那個人終於開門出現，卻僅僅說了寥寥幾語，說你還是回去吧，我要去朋友那裡；

寒風繼續吹，心情五味雜陳卻又不捨，寧願繼續等待。時間慢慢流逝，一小時，兩小時，痴心的小衫為了藝迪繼續等候……

04. 因為她愛上她

當她再次打開大門，嚇了一跳，她沒有想到他還在等候……

而後，風雪裡，一對年輕人手牽著手前行……. 快到家門口的時候，他在她的額頭上輕吻了一下。

……

小衫後來說，現在想起來，回憶那段時光真的很美好。我說你現在愛的那個女孩不是藝迪，是否是因為移情別戀了。小衫笑了笑，表情有一種深深的無奈。

話說回來，兩個人愛情的故事後來又發生變化了。是的，小衫在雪地裡等了藝迪幾個小時，換回了藝迪的原諒。但在之後的日子裡，這對年輕人的感情問題再次出現危機。有一天，小衫跟朋友出去玩的時候，認識了一個女孩，屬於比較開放的那類型。年輕人玩心重，小衫也不例外，再加上有一個很開放的美麗女孩介入，小衫的心泛起了漣漪，就試著接觸，然後居然就在一起了。那個時候，小衫也知道自己很對不起藝迪，但又不敢告訴她，他害怕藝迪會做出什麼事來……

一個人越想隱瞞某種過錯，東窗事發的可能性就越大。藝迪察覺到小衫的異常，感覺到小衫對她的忽視。於是，藝迪發火、吵鬧……

小衫的反應是順水推舟，找了個藉口說自己心累了，不想談戀愛了。可是他當時不知道藝迪把他們之間的感情看得很重。就那樣，這對年輕人分手了，他們對感情太兒戲，我即使

第三輯　轉身遇到他，揭穿需要的人生

這麼認為，卻也不能再多評價什麼了。隔天，小衫的手機收到藝迪的簡訊，藝迪第一次對小衫寫了那麼多的話，試圖挽回，然後，藝迪的朋友也來找小衫說情。而小衫一方面為了敷衍，同時也為了讓藝迪不再那麼傷心，就說讓藝迪等兩個月。其實，小衫只是想，兩個月的時間或許能夠讓藝迪忘記他。

可是藝迪怎麼可能忘得掉，忘記那個曾經在雪地裡苦等她數小時的小衫。小衫已經進駐她心裡，再也忘不了了，再也不能不愛了。情人節那天，藝迪藉口讓小衫陪她去打耳洞，並說只要小衫陪她去，以後就不再糾纏纏了⋯⋯。

小衫點頭答應了 —— 但他卻又另藏私心，也想為另外一個她買副耳環。兩人剛走進行人徒步區飾品店的時候，裡面正放著彭羚的〈囚鳥〉：「我是被你囚禁的鳥，已經忘了天有多高。如果離開你給我的小小城堡，不知還有誰能依靠。」戀愛的時候，我們聽著情歌，總能感覺歌詞沁透心扉的幸福感；面臨分手的時候，我們也會感受到情歌的殘酷和無情。這一刻，小衫和藝迪心裡湧現出的感覺，不會是在雪地苦等，以及再次出門看見風雪中等候身影時的感動。當看著站在自己身邊的小衫，藝迪打耳洞的時候心情十分複雜，幫忙給藝迪打耳洞的阿姨隨意說了一句話，她說：「小姐，你真幸福，男朋友對你真好。」

或許是想要報復，也許對愛不再報有什麼希望，我們都會說一些違心的話或是氣話，藝迪輕描淡寫的應了一句：「噢，那個是⋯⋯我弟弟」。後來，藝迪對自己的解釋是，如同《囚鳥》

04. 因為她愛上她

所唱:「我像是一個你可有可無的影子,冷冷地看著你說謊的樣子。這撩亂的城市,容不下我的痴」。

也許一個人的離開是不經意的,也可能一個人的離開是為了某種逃避,那他選擇離開了原來的地方,放棄了熟悉的環境——也離開哪個讓愛繼續維繫下去的土壤。畢業後,小衫到了另外一座城市,而他也沒能與另一位在一起。一個人在他鄉打拚的日子,多了許多落寞和懷念,在這些細數落寞和懷念裡,小衫開始思考以後的感情生活該怎麼面對和維繫,很長一段時間裡,他都變得憂鬱沉悶,覺得自己像犯了重罪的囚犯一樣。回想自己曾經那麼用心地去付出,最終卻放棄了,中間還「插花」般的另尋「他戀」。小衫開始意識到自己的錯誤,他甚至覺得藝迪——就是他的真愛,但又害怕藝迪的多疑猜忌,那是感情致命的毒藥。

小衫覺得自己應該學會去如何愛,他多次問自己在不經意間,想到的那個人到底是誰,自己又該以怎樣的堅持與信諾,這些問題在解決的那一天,就會讓一個人真的去付出愛,絕不會輕易放手。

兩年後,小衫和一位叫小雯的女子攜手而行,他變得腳步從容、眼神堅定。

小衫說自己怎麼也沒有想到會愛上她。小衫也沒有想到愛一個人竟然可以那麼自然。而我說,因為他愛上她,不過是孤獨的自我突然找到了歸宿而已。並且,一定是因為她——藝

迪,然後愛上了她——現在的女友小雯。這就是說,從前任那裡攫取感情的真諦,其後在機緣來臨之時,用心地去愛另外一個人。那前任算什麼呢?是被利用了,還是別人學會成長的墊腳石?其實,這並不是最重要的,因為我們無法阻擋一個人的成長,而這又是我們不得不面對的感情現實。因為重新愛上一個人,小衫學會的是不再害怕面臨猜疑,以及改正自己不專一的心性。

這故事已到結尾,我心裡覺得苦澀,有一種像是胸口壓了一塊大石的感受。這是因為小衫和藝迪最終沒能在一起嗎?我不知道,我只知道自己是一個局外人,我不過在傾聽,陳述那些從前任戀人那裡學會愛的成長那群人的感情故事。就算它能告訴我們,因為他愛上她是我們收穫最大的成長經歷,也只能是過來人對過往感情的一種緬懷罷了。

我始終相信,最終沒有在一起的人,不一定不是最愛,最愛的那個人也終將明白什麼才是真愛,然後決定和誰在一起,過上什麼樣的生活,並且不再孤獨。因為,這就是那些在他鄉打拚者「因為他愛上她」的歸宿。當然,也是我們每一個在前任那裡學會愛,然後找到真愛的歸宿。

離開咖啡廳的時候,小衫問我有什麼話說,我駐足片刻,只說一句:願現在的你們都是幸福的。

05. 愛情裡的繫船柱

　　愛情裡的繫船柱，套住的不僅僅是愛情，還有那些為愛而思考和行動的時光，以及未來一起堅守而行的感情之路。

　　挺長一段的時間，我曾苦拗於南方與北方情緣是何樣，也不曾聽兩種地域感情的蔓延迷音。所以，我對自己說，一定要寫一篇關於「愛情裡的繫船柱」的感情故事，以此讚揚那些為了愛的堅守而進行思考和行動的人們。我相信人在某個時刻不經意間想起的那個人，一定是因為當初某種美好的印象而敲打了心中感情的某根琴弦，而留下了妙音。否則，這世間就不會有「緣」了。

　　最近，我又聽到關於這樣的故事。故事的主角一個來自南部，一個生長在北部；一個是理科男小A，一個叫曉彤，念法律系的。他們的相識是在北部的一座大學裡，確切的說是在有很多同學都在那裡複習、休憩、交談、打鬧的綜合大樓362自習室裡。

　　據說，臨近期末考試的時候，總有很多不同學科、院系的會來到綜合大樓362自習室，他們在這裡複習功課，交流經驗。我記得在讀高中的時候，也有這樣一個地方，我們當時給它取名為「有一個好地方」，在那裡，發生了很多有趣的事情。所以說，好地方有好故事，好地方讓人忘不了那裡的好。正如來自

第三輯　轉身遇到他，揭穿需要的人生

　　南部的小A和來自北部的曉彤一樣，他們一樣忘不了那裡的好。

　　兩個原本不相識的人可以走到一起，絕對是需要某種機緣的，而機緣的發生離不開某種環境。如果這樣的人因為機緣走在一起，又是屬於一開始誰都沒關注誰的那一種，就更稱得上是老天注定了。從南部來的小A和生長在北部的曉彤就是這樣的。

　　有一天，大一期末考試前，小A和他的室友帶著書來到綜合大樓362自習室，找了靠窗位置坐下，然後將書整齊地放在課桌上，有些漫不經心，目光有些不羈，在向四方巡視掃描之中，突然小A的眼光為之一亮，在角落裡有一位文靜的女孩，氣質顯現出如同陽春白雪裡的一抹燦陽，小A為之心神蕩漾。

　　幾年前，和友人去山野之地，我曾見過一株櫻花草在百花叢中，它即使孤身獨立，也能吸引人們的目光。所以，對的人，對的感覺，對的氛圍，那是無可替代的美。夜風吹拂綜合大樓362自習室課桌上的書本，那隨風翻飛的一張張書頁，是心情異樣的舞動，卻也在當時一閃而過。但，這足夠了。因為，這就是「緣」的產生。它會讓我們在某個時刻走在一起。

　　這也是說，世上絕對是有緣份這回事的：和尚有緣，尼姑也有緣；乞丐有緣，流浪者也有緣；俠客有緣，惡人也有緣。當然，小A和曉彤他們之間絕對不是這裡面的任何一種緣，他們的緣是南北距離差異的輕微碰撞，沒有一開始的用心良苦，也沒有別具用心，有的只是微風莞爾輕撫後的漣漪。

05. 愛情裡的繫船柱

　　之後的發展，就有點水到渠成了，但中間還有小插曲，卻是後來才得知。對於戀愛的人來說，第一次接觸，學生時代大都採取傳遞紙條之類的，而這時候，室友、死黨、姐妹之類身分的人就派上用場了。負責傳遞紙條給曉彤的是小Ａ的室友Ｆ，紙條上的內容不是小Ａ原創，而是摘自一部名叫《我曾朦朧地說過我愛你》小說中一段。

　　PS：不曉得曉彤後來知道會有怎樣的反應和心情，可是這些都不重要，重要的是曉彤和小Ａ在一起了。

　　不過，這是在第二次透過室友Ｆ傳遞紙條之後的事了。這一次的紙條內容改為原創，算是一大進步。我一直很好奇，紙條中的內容到底是什麼。可惜已經無從說起了。如果真要費心地去尋找，建議還是去看一下《我曾朦朧地說過我愛你》的全文。

　　大學裡，戀愛的時光是美好的，彌足珍貴的。也因如此，一旦面臨畢業分別，便會由「在一起」變為「各奔東西」，特別是來自不同地域的男女，畢業前夕是最為難熬和痛苦的。因為南北方距離的問題，小Ａ和曉彤雖然誰都不提，但是內心卻對畢業有種恐懼感。他們一直跟對方說，不要像其他情侶那樣，一畢業就分手，但是在誓言背後，卻也顯得有些無力。因為他們並不知道未來清晰的模樣會是怎樣。

　　那，怎樣讓一份愛情能夠一直堅持呢？至少有一方會去思索這樣的問題，並且踐行「堅持措施」。如果雙方都能有這樣的思

第三輯　轉身遇到他，揭穿需要的人生

索，效果會更好。不為別的，這是兩人都能同心思考，都在同一艘船上。所以說，在兩個人保持一種有共識狀態的時候，同時為下一步的發展做準備是必要的。因為，兩個人不可能一輩子只按一種模式生活，能做同學，就必將面臨畢業，畢業後也終究會面臨工作。所以，在小A面臨考研究所還有兩個月的時候，曉彤就開始思考他們未來的愛情走勢了。曉彤這麼想著：一旦他考研究所成功，那我們必定面臨異地，是時候做出抉擇了。

　　於是，為了說服父母，也為了保護我們愛情能夠進一步發展，曉彤選擇來到臺北，從事自己喜歡編輯工作。畢竟對於出版業，臺北有更豐富的資源，而且，還可以在這個城市中等他，不管小A是考研究所成功繼續讀書，還是考研究所失敗，都可以來這裡一起工作。

　　後來，事實證明，經過這些思索與行動，曉彤和小A的感情沒有因為地域差異以及距離問題產生裂變，他們反而更加堅定地決定在一起。

　　曉彤說：「愛情從來都是努力得來的，並不是一句相不相信就能定義的。誰說初戀就會分手，誰說異地不可靠，我對愛情從來不迷信。」愛情的繫船柱，就這樣套牢了，誰也逃不掉，誰也別想要分離。

　　故事結束了，而我在文章中卻沒能對小A進行一些補充描述。我想，不這樣地描述並不等同於小A不做為或不重要。在愛情裡被「套牢」的那一方是幸福的，前提是他們相互珍惜，

自己本身也明白如何去愛,否則,「套牢」的只能是苦情和孽緣。如今,小A在異地為將來打拚,和曉彤聚少離多,幸福的感覺卻一點也沒有少。值得那些為異地戀、為距離苦惱的戀人學習、思考。如果沒有這樣的思考,也沒有一方願意去做一些事,隨著時間和地域的問題,兩人之間的感情就會越來越生疏,直到分道揚鑣。

我很喜歡異域風情下的歌曲,也特別喜歡不同地域的風情愛戀。那是屬於幸運的人兒,雙方的心靈因相系被套牢。所以,當我想著自己能被愛的人套牢,是何等的幸福。它再一次證明了「有愛在,距離一定不是問題」的感情箴言是真實存在的。

愛情裡的**繫船柱**,套牢的不僅僅是愛情,還有那些為愛而做思考和行動的時光,以及未來一起堅守而行的感情之路。

06. 易相信與慣說謊

也許,愛注定是難解的謎,因為迷,我們才會一直去愛。

正常情況下,會撒謊的人心裡是有愛的,因為如果不愛的話,連謊都懶得撒了。當「易相信」小姐哭得跟淚人兒似的,在我面前說出這番頗具哲理的話時,我腦海裡只浮現出一句話:

129

沒有比這更感人、更悲淒的愛情結局了。

是的，上述話聽起來多麼的讓人覺得有理，可是人家都說了，這是在正常情況下，要是在非正常狀態下呢？日本人說：「勾手指，勾手指，騙人的人要吞千針，切掉小手指。」而勾手指源自於一首日本童謠。林宥嘉在〈說謊〉的 MV 裡也說過類似的話語：「說謊的人，要吞掉一千根針」。

My god! Liar would swallow a thousand needles.（說謊的人，要吞掉一千根針），太恐怖了，這樣會刺得穿腸破肚吧！但我覺得從騙子的角度來講，真的很合理。我聽過一個叫做「易上當」的感情故事，其主角分別是：「易相信」小姐和「慣說謊」先生。「易相信」小姐是 80 後，她有個 90 後的雙魚座小男友，據說，雙魚座的人說謊的能力非常強，且不著痕跡，讓人覺得絲毫沒有狐狸尾巴可以揪，他們一面說謊一面曉以大義，並賦予甜言蜜語，有聲有色。

PS：這些都是所謂的星座專家說的，我倒未以為然，愛說謊應算是一種不良習慣吧。

「易相信」小姐生長於一個單親家庭裡，父親是一名船員，由於長期不能陪伴家裡，「易相信」小姐的母親最終選擇了離婚，於是，從那一刻起到現在，「易相信」小姐依然沒有擺脫生活在單親家庭裡的命運。讀大學的時候，認識了「慣說謊」先生。她愛他愛得很熱烈，怎麼形容呢？就像多年不見的戀人，時間絕對不能沖淡一切那樣，寸步相依，貼身相伴。

06. 易相信與慣說謊

　　就是愛得這樣的熱烈，大學畢業兩年後，感情依然濃烈。只是最近，「易相信」小姐好像出狀況了，變得欲言又止，有時臉色難堪卻又會在瞬間充滿自信。我不是感情專家，但也能看出某些端倪。據過往的經驗反應：被「易相信」小姐熱烈愛著的那位先生時常玩「失蹤」，意思是說時常以下面的藉口為由──

　　── 工作很忙，特別的忙；

　　── 人生就應該有目標，要趕著做一份驚天的商業策劃；

　　── 適逢家裡多年未見的親戚要來，我們這個家族是特別注重人情味的；

　　── 父母辛苦一輩子，要好好陪他們旅遊；

　　── 自己生病了，是小病，諸如感冒什麼的，不要緊，就是很累、很暈，想一個人休息；

　　── 明天有重要的會議，下班就不一起吃飯了，早點回去準備。

　　── 一幫當年的死黨要聚會，都是男的，女人就別去了，不要讓我沒有自由的空間。

　　這真是一份長長的日誌，全部合起來又可以叫做週誌，幾乎每天都有不同的理由來書寫。「慣說謊」先生說他具備作家的能力，有一天或許會成為一位名人。但我不以為然，因為不管是作家也好，名人也罷，不過是一種身分而已，最最重要的應該是在其身分下所展示的特質。

第三輯 轉身遇到他,揭穿需要的人生

譬如說,那「長長的日誌」內容,稍微運用一點點分析能力就可以得出精闢的結論:瞧!被「易相信」小姐熱烈愛著的那位,是多麼的熱愛工作和富有理想啊!他多愛自己啊!又好好愛親戚和家人啊!可是就是不愛「易相信」小姐。我不忍心揭穿這些,卻又忍不住說,愛一個人難道可以這樣嗎?愛一個人不是上班下班,也不是靠一個又一個看似合情合理的理由去搪塞,這比赤裸裸的撒謊更加殘忍啊!你不愛她就早點說明放手,何苦讓一個相信「會撒謊的人心裡是有愛的,因為如果不愛的話,連謊都懶得撒了」的人,在你的謊言裡度過一生呢?這是謀殺,這是犯罪。

如果愛一個人如同上班,那「慣說謊」先生「說謊日誌」版的生活最終只會出現一個結論:他根本無法正常上班。我的一位從事網路工作的朋友曾說過這樣一句話:你永遠無法叫醒一個裝睡的人,就像你無法拒絕一個真心想請假的人一樣。後來,我據此重寫了一句話:你永遠無法分辨一個真心想說謊的人,就像你無法看清山的那一邊一樣。所以,那些願意相信「會撒謊的人心裡是有愛的,因為如果不愛的話,連謊都懶得撒了」的人,你們就是一名「縱容犯」,是你們的縱容導致了自己的默許,別人的肆意。其實,偶爾的善意撒謊並沒有什麼,我們願意去信它,因為這裡面含有愛。就像兩個相愛的人生活久了,就淡了,偶爾分開一下,相聚的那一刻真有小別勝新婚,如膠如漆的感覺。但是,如果經常這樣,用魯迅先生方式的話來

> 06. 易相信與慣說謊

說，長此以往，謊言是謊言，愛不將是愛了。愛一個人哪有這樣的啊！

這鐵定不對。所以，當「易相信」小姐懷著「相信是愛她」的心情去關心、愛護、探望、追問、思索……的時候，「慣說謊」先生的理由就有了以下回答——

—— 你也夠辛苦的，就別來了，好好在家休息，聽話，啊！

—— 你看，我還要做策劃，你知道的，做策劃是一份需要動腦的工作，很不容易，需要安靜，安靜的才能有好的創意。再說，你也不希望我的理想落空吧！

—— 都是些遠方的親戚，你又不熟，到時挺尷尬的，還是我一個人面對吧！

—— 我就想和父母單獨地聚一次，他們把我養大不容易，下次吧！下次一定帶你一起去。

—— 我是男子漢嘛！小病什麼的無需在意，休息一下就ok了。

—— 最近公司在爭取一項合作內容，你也幫不上什麼忙，你還是安心做好你們公司的事，不早了，我要睡了。

Oh！上帝呀！又是一份長長的日誌，又是謊話連篇。他真的好懂事，好心疼他哦。可是，就是不想見你。

像我這樣的人喜歡直來直往，如果遇到上述情況，會毫不猶豫的就直接拒絕。不過，要做到這樣，需要很大的勇氣。

第三輯　轉身遇到他，揭穿需要的人生

因為，他或者她需要勇於承認、面對自己被騙的勇氣，雖然殘忍，但卻有效。雖然結局悲慘，但卻勝過被騙到跳樓或無法再獲得真愛的「好」。可是，「易相信」小姐真的是易相信啊！她不像我這樣的，她願意相信對方。她哭得淚人兒般的表情讓人心碎，她是那麼的容易去相信，去感動，她太相信愛情了──相信「慣說謊」先生幾條充滿安慰的簡訊，幾句看似為對方著想的話語。以至於「易相信」小姐長期過著忽鬆忽緊的感情生活，愛一個人真的不是餵養嬰兒啊！嗷嗷哭的時候就餵上幾口奶，何況，「慣說謊」先生給予「易相信」小姐的還不是如奶品般的甘泉呢，而是毒藥，致命的毒藥。

我不知道該如何去勸慰「易相信」小姐。因為我也害怕她太容易就相信我的話，萬一有一天她的那個「慣說謊」先生突然變好了呢？「易相信」小姐說她願意去等待，願意相信這一天的到來。因為她愛他愛得好熱烈，要想讓一個這樣熱烈的人一下子冷靜，太難了。再者，她的那個他到現在已經是專家級別的了，除了有權威感，還不斷推陳出新他的各種理由，做到了與時俱進，做到了創新及穩定發展。其實，這些推陳出新、與時俱進的理由，當花樣越多，細節越詳盡的時候，謊言就越像事實──但其根本還是謊言。

所以，稍微運用一下我們的辨別功能，就可以將這些謊言揭穿。主要是因為，我們可以透過最後的結果去辨別，不管說謊的理由多麼的冠冕堂皇，多麼的符合情理，我們直接去看結果就明

瞭，那些謊言的細節不過是建構結果的材料而已，而看起來多麼的合情合理也不過是轉移我們的注意力罷了。就像井底之蛙說牠看到的是一片天，其實卻是井底的世界一樣。「易相信」小姐就是這樣的人，其實，她也沒有什麼錯，她不過是願意去相信「慣說謊」先生，相信他也是愛她的，就算是說謊也一樣是出於愛。

可是，要是有一天「易相信」小姐的愛不熱烈了，不再相信謊言了，她會怎樣呢？我想，她會說自己就是徹頭徹尾的智障戀人啊！因為，這些只要稍微運用我們的思辨就能得知的事實，簡直是容易透頂了。

可是為什麼還有那麼多人願意去當智障戀人呢？僅僅是因為太愛了嗎？

也許，愛注定是難解的謎，因為迷，我們才會一直去愛。

唉！智障戀人啊，就算被欺騙了，還要深情的唱著〈愛上你我傻呼呼〉這首歌。

對不起，「易相信」小姐，我這篇文章讓你「受傷」了。

07. 我不是你的阿尼姆斯

愛是剛剛好的可能，如果不是剛剛好，再多的不捨與期望都是枉然。

第三輯　轉身遇到他，揭穿需要的人生

黃昏時分，林蔭小道，看著落葉紛飛，我想起多情遇上絕情的故事，猶如一個人行走在沙漠或古道，一個人能否堅持做到有始有終。

有始有終是美妙無憾感情的句號，有始無終卻是再也無法愛了的省略號。對不少男人來說，他和喜歡的女人在一起的時候，在他的心裡說不定還有一個或更多的「她」存在。這個「她」是多個她的組合體。因為，男人多情，總渴望在下一任的身上找到上一任的影子。所以，男人可以在多年以後心中還在掂記著他曾經的女朋友，時不時詢問她現在過得是否安好的問題。男人，多情的動物。

女人呢？對大多數的她們而言卻是不一樣的。當她決定和喜歡的人在一起的時候，她可以做到，所有想的就是現在的他。因為，女人對專情這件事情有獨鍾，而當她決定放棄的時候，一切都沒有餘地了。女人，絕情的動物。

「多情」先生和「絕情」小姐的相遇是在一艘旅行的客船上。我總覺得，外出與旅行往往是邂逅的最佳方式，興許，這也是不少人喜歡旅行的理由之一吧。客船上，「多情」先生小坐片刻，倍覺無聊，決定到船艙外憑欄觀景，看看流逝的風景，還有水花飛濺的水面。他輕輕地嘆了口氣，感覺內心舒適多了。就在幾週前，他和相戀三年的女友分手了。他那麼的愛她，她也曾經那麼的愛他，可是最終敵不過第三者的插足。「多情」先生說，自己那麼用心的去愛，用情那麼多，怎麼就抵不過富二

> 07. 我不是你的阿尼姆斯

代呢？任憑他怎麼吶喊也無濟於事。「多情」先生在日誌裡寫了很多蹩腳的情話，讓人看後無法恭維。

譬如，他用文青的口吻說：「我知道，這個沒相貌，沒有很好物質基礎的男人給不了你什麼，最後能做到的就是愛，讓我下定決心對你好的唯一條件就是愛。我想了很久，能給你的就是——愛。這愛是真實的，不摻和任何雜質，純潔的。有時候，我在思考一個問題，思想很亂真的很亂，你要是說你不喜歡我吧，為什麼當初要接受我，第一次當你無聊寂寞了，當作打發時間；那第二次呢？也是打發時間嗎？你那時給我的感覺是那麼真，讓我以為那都是不可能再擁有的事情了呢」。「多情」先生就這麼陷入自我愛的意識狀態中。為了這個物質的女友，他還自殘過，用刀在手腕上扎了一刀。他以為這樣傷害自己，就可以透過「同情的心理」換來女友的回心轉意。

不幸的是，很多人都會唱出黑龍的〈回心轉意〉，卻不過只是唱唱而已，那些歌者下的情歌，到最後，終是某些人痛上加痛的回憶。但是這或許又是某一時刻所需要的。我們都無法忘記自以為是的那份愛，都堅信的以為自己可以讀懂另外一個人的心。其實，「多情」先生真的錯了，那個富二代不僅僅擁有豐富的物質條件，還擁有他女友心中很崇拜的男人形象。她心中一直有阿尼姆斯（animus）存在的癥結啊！「多情」先生不清楚這些，他繼續陷入多情而無法自拔，失眠、痛苦、幻想糾纏著他。

我在想，「多情」先生要是認識一個厲害的人物——瑞士著

第三輯 轉身遇到他，揭穿需要的人生

名的心理學家榮格，那該有多好。我很想告訴他，這位榮格先生一直是佛洛依德的堅定追隨者，開創了「分析心理學」。在他看來，阿尼姆斯是女人無意識中的男人性格與形象，可以讓女人盲目地去迷戀男人。可惜，「多情」先生身上不具備他女友心裡所期待的兼具父親與男老師的男人性格與形象。我這麼說，絕不是為物質女找藉口，也不是要去慫恿什麼，只覺得愛真是挺複雜的。複雜得需要我們去弄明白很多專業且難懂的術語。也許，難懂的並不只是術語，更加難懂的是一個人的心。你不知道他或者她如何去想，如何去對待一份情。只有當感情發生變化的時候，我們才可以明白一些，但，這真的太難了。我們大部分人不是心理師，我們只是普通人，我們只想找一個人好好戀愛，好好過日子。

有愛無愛，有情無情，我們都會讓自己「不好過」。後來，「多情」先生實在受不了失眠、痛苦、幻想的糾纏，決定去旅遊。

「多情」先生站在船廊上，風吹亂了他的頭髮。他陷入一陣回憶中，腦海裡像放電影片段似的，這讓他的表情顯露出僵硬的痛苦。

「你在走神」？在「多情」先生回憶的當下，一個甜美的聲音傳入他的耳際，他好半天沒反應過來。

美麗又意外的邂逅總是出現在不經意間，而在旅行中似乎更能呈現，她就像踩著歡快的腳步走過一段鋪滿溪石的小路，搖曳生姿、玲瓏有聲。但，此刻是在客船上，在前往某地旅行

07. 我不是你的阿尼姆斯

的客船上。

「多情」先生以過來人的姿態掩飾走神的慌張，他說：「我在想一些事情，一些值得去回憶的事情」。然後，「多情」先生又說：「你是第一次去那裡嗎？」

「是的，第一次」。「絕情」小姐略帶微笑的說道，「人生總會面臨很多第一次，譬如，去一個新地方，試圖忘記一個人……」

「多情」先生感覺內心一顫，「絕情」小姐的話似乎讓他找到了共鳴。於是，兩人的交談有了繼續和深入的可能。

兩人臨船而望遠方，又看船尾水花四濺的湖面。這種感覺，勾起了兩人各自的回憶，也促進了感情的交融。我想，如果他們又去佛寺，聽聽那鐘聲，想起張繼的〈楓橋夜泊〉，他們可會倚肩而坐，細數相遇的美好和甜蜜，甚至還有情定終身的渴望？

我後來問「多情」先生，他說當時兩人的確有這樣的想法。我又問他關於「絕情」小姐的一些事。「絕情」小姐之所以絕情，並不是因為她一開始就如此絕情，而是經歷了一些事情之後才變得絕情了。

「絕情」小姐在青春年少的時候，曾那麼的熾烈地去愛，為了這份熾烈，她離開了父母，離開了她熟悉20多年的城市，跟著「眼鏡」先生流浪他鄉，過著租房、拮据的生活。「眼鏡」先生曾經對她說：「事業有成的時候就明媒正娶她」，可是這一等

第三輯　轉身遇到他，揭穿需要的人生

就是好幾年，她並沒有等到這句承諾。她等來的是「眼鏡」先生的食言，「眼鏡」先生為了自己的事業，終日沉浸在如何攀附和上位的競逐遊戲中。據說，有一天「眼鏡」先生在熟睡中說了夢話，叫的卻不是「絕情」小姐的名字，那一刻，她徹底憤怒了。並絕情地提出分手——事實上，她不想先被甩，哪怕是自欺欺人也無所謂。或許這不是最重要的，更為重要的是她從此有了心結，極度討厭、憎恨說夢話想著「他人」的人。

「絕情」小姐把「眼鏡」先生甩了以後，很長一段時間沒有「另結新歡」。但「絕情」小姐也是人啊！是人就有情，就有寂寞和熱烈的心。在一次課程訓練活動中，她認識了一個中年男人，且是戴著眼鏡的知識男。「絕情」小姐剛開始的時候，覺得有種莫名的彆扭，怎麼又是眼鏡男啊！在她的潛意識裡，似乎已經對眼鏡男有了芥蒂。

「他會是一個負心漢嗎」？「絕情」小姐拷問自己。

「我為什麼又要愛上眼鏡先生」？「絕情」小姐質問自己。

「絕情」小姐就這麼地問自己，她還想到，自己小的時候是多麼地喜歡父親，她不喜歡聽〈世上只有媽媽好〉，她甚至抱怨為什麼那個時候沒有〈世上只有爸爸好〉這首歌。「絕情」小姐喜歡父親戴眼鏡的樣子，父親是她的阿尼姆斯，這樣的影響潛移默化著，一直伴隨著她的成長。所以，「絕情」小姐會為了「眼鏡先生」那麼的義無反顧，寧願離開原先棲居之地，寧願過顛簸流離的苦日子。

> 07. 我不是你的阿尼姆斯

　　這樣來說,「絕情」小姐只愛「眼鏡先生」麼？可是她最終還是沒能和「眼鏡」先生幸福地在一起。第二任眼鏡先生是一個善於偽裝的傢伙,明明已經結婚生子,卻還要掩藏,在外面拈花惹草。一個人越是善於偽裝,有一天面目被揭穿,想要挽回的可能性就越小。因為,這樣的傷害太深了,讓人無法原諒。他們會被認定為「天下第一騙子」、「天下第一偽君子」,總之,一切可以冠以「第一」的頭銜都適合他們。

　　事情的結局,「絕情」小姐再次絕情地離開了第二位眼鏡先生。之後,絕情小姐選擇外出旅行,於是,邂逅了「多情」先生——一個沒有戴眼鏡的傷心男人。

　　「多情」先生與「絕情」小姐雙方都小心翼翼地試探著對方的過去,那是為了不想再受傷害。所以,當他們在佛寺裡倚肩而靠的時候,那鐘聲的敲打聲一下、一下的,似乎打在心靈深處,既有期盼,也有略略地抗拒。「絕情」小姐微啟朱唇,眼神迷離卻又含哀傷。過了好半天的時間,她才吐出一句話:「花開的時候,你會來看我嗎」？

　　「多情」先生搖搖頭,說:「明年鐘聲響起的時候,我就來看你」。

　　「絕情」小姐聽後,閉上了雙眼,腦海裡浮現出過去的畫面,一頁一頁地翻過,最後停留在佛寺鐘聲的畫面,裡面有她急切地張望。

　　「多情」先生在表達過後,也閉上了雙眼,他想起曾經那樣

第三輯　轉身遇到他，揭穿需要的人生

的為愛而活、而痴。那一幕幕痛苦多於幸福的畫面在激烈交錯後，定格在花開的季節，裡面有他張開懷抱的期待。

我曾問「多情」先生，你和「絕情」小姐在佛寺裡就沒有發生什麼嗎？「多情」先生看了我一眼，抿了一下嘴唇，反過來問我：「你認為呢」？我搖搖頭，說：「不知道」。

我對「多情」先生與「絕情」小姐的故事還在回憶，回憶注定是一件難忘的事。我彷彿看見「絕情」小姐多情的眼波，她是一個不幸的女人，她深受阿尼姆斯的影響。事實上，她的溫柔比花朵還多，如果你愛上這樣一個女人，那得多幸福啊！而「多情」先生，他的多情不是見異思遷，只不過是在專情中過於氾濫罷了。可惜，花開的時候，鐘聲響起的時刻，他們的再次相遇都錯過了。

就在他們準備離開的時候，真正的第二次相遇才開始。我沒辦法用語言來描繪，只能說上一句：愛是剛剛好的可能，如果不是剛剛好，再多的不捨與期望都是枉然。

「多情」先生和「絕情」小姐在各自準備離開的時候，才發現對方的到來。他們相擁在一起，淚水滿天。此刻，任何的語言都是多餘。我願意做一個吝嗇的文字者，只為不打擾他們在那一刻的幸福和甜美。

故事到此，已接近尾聲。可是我的心卻陡然降到零度。我們都會以為兩個曾經深受愛之痛的人會走在一起，過完他們的餘生。「多情」先生和「絕情」小姐沒能在一起。原因是在一天晚

上的睡夢中，他們相擁的時候，「絕情」小姐迷迷糊糊地忽然喊他前男友「眼鏡」先生的名字，喊了三遍。「多情」先生頓時心情低落、痛苦到底。

女人是不是總對前任有所留戀？

前任是不是就是扎在心裡的刺，痛並難忘？

「多情」先生不停地責問自己，痛苦不堪。他抓住「絕情」小姐的肩膀，拚命地搖晃著，喊道：「我不是你的阿尼姆斯，真的不是啊！」

「絕情」小姐散亂著頭髮，一個勁地重複著三個字：對不起！

半年後，「多情」先生和「絕情」小姐分道揚鑣，他們留下的只有無盡地唏噓。

08. 再也回不去的舊時光

不管過去的感覺是什麼，就當是寂寞的時候可以填充的東西吧！

我是個善於回憶的人，甚至覺得回憶的人都是至情的人。譬如，我們學生時代的回憶片段就足以讓人內心湧起一些只有自己才能明白的感覺。

回憶的時光機指引我，定格在中學時代。當然，這注定是

第三輯　轉身遇到他，揭穿需要的人生

一個有亮點、青澀的時代。比方說，唱歌像黃鶯那樣悅耳的黃鶯同學失約了。

具體情況是這樣的——

我到學校教學樓二樓的高一二班教室外的走廊上，停留了約五分鐘的時間，那個我喜歡的女孩黃鶯，正埋頭寫著作業，在開始的時候我沒有出聲，只是呆呆地隔著玻璃窗望著她。此時，紅霞正滿天，我覺得，黃鶯低著頭的樣子就像天邊的晚霞，美麗又迷人。

這個名叫黃鶯的女孩是我鄰居家黃叔才的女兒。小時候，我並沒有注意她，當時我也很小，我喜歡上她是在她上初三的時候。

黃鶯在抬起頭朝窗外看的時候，發現了我。我朝她用力地招了招手，她很快地從教室裡走了出來。我沒對她說什麼話，從口袋裡摸了幾遍才把紙條摸出來，然後交給了她，並告訴她說「在學校的後山坡，不見不散」。遺憾的是，她失約了。嚴格的說，她本來就沒想過要去赴約。這樣的感覺一開始是興奮的，你會覺得主動去約一個喜歡的女孩子，是那麼的喜悅，希望之光籠罩於心頭，同時內心也有一種青澀的感覺存在。

我是在 1998 年的夏天，順利考上第一志願的高中，並且成績高出錄取標準很多。考試的時候沒花太多力氣，一口氣從頭做到尾，寫完也不檢查，提前半個小時交卷。

上高一的時候，我一直保持低調。老師在課堂上千百次地

> 08. 再也回不去的舊時光

提醒我們一定要好好學習，考上大學，將來有一個穩當的出路，回報社會。

我當時只想慢慢來，覺得還早呢。可是有一次，我因為未交作業，被班代黃鶯給舉報到老師那裡去了。

我沒有怨恨她。因為，我覺得就連她舉報我的行為都是那麼的美。

那一年（1998年）的一個冬天上午，學校因為有重要事情，決定放假半天，星期六要補課。

我心裡有一個念頭，找個女孩一起去看恐怖電影。為此，我第一個想到了黃鶯。這事說起來總感覺是被羞辱了。當我懷著滿腔熱情去邀請她跟我一起去的時候，沒想到被她當面潑了一盆冷水：「沒空，找別人去吧」！於是，我第二次慘遭拒絕。那樣感覺，沒有之前愉快的情緒了，苦澀的味道濃了一些，但希望不滅。

上述的感覺在一週之後發生了改變。

因為，黃鶯可能要出事了。

據黃鶯說，一天放學後，剛走出校門不遠，就發現自己身後有人在跟蹤她。她當然害怕極了，於是趕緊上了一輛計程車——回家了。

抱著英雄救美，然後感動美人心的意圖。我決定去教訓那個可惡的——「國產007」。但又害怕一人敵不過，於是，我把

第三輯　轉身遇到他，揭穿需要的人生

作戰的計畫給小鐘說了。他想也沒想的，滿口就答應了。這是因為我和他之間有深厚的情義。經過縝密布署，我們讓黃鶯當誘耳，引狼出洞。這一招雖然老派，但依然很厲害，很有效。這是獵人一慣採取的最聰明方法。

我們將那個壞蛋帶到一個僻靜的地方，本想狠狠打他一頓，並警告他，以後不要出現在我們的視線裡，否則見一次打一次。結果這傢伙是個吸毒者，身體已經是骨瘦如柴了，實在不忍心再打他，跟蹤黃鶯的目的是想要勒索一點吸毒錢，沒別的意思。小鐘很憂國憂民地對他說：「唉，想不到生活竟如此灰暗，吸毒是一件多可怕的事情，祝你還能活得愉快」。

事後，我覺得小鐘他做了一件好事。因為，他覺得那個吸毒鬼還有藥可救，應該給他一次機會。

在我和小鍾離開現場，然後找到黃鶯的時候，我是這樣對她說的：我們把那個壞蛋狠狠地教訓了一頓，現在一切都平安了。

這是我生平第一次對一個女孩撒謊，其心路人皆知。

當天晚上，小鐘建議出去吃一頓。因為當天星期六學校放假，無事可做。於是，我們三人合資到一家便宜又好吃的餐館吃了個痛快。

我們天南地北的聊了許多，後來我找了一個機會，用十分誠懇又執著地態度告訴黃鶯，說我很喜歡她，希望她能跟我

> 08. 再也回不去的舊時光

交往。一分鐘以後。她的回答莫稜兩可,讓我覺得好像是答應了,又好像沒有百分百確定,但,不知為什麼。

之後,我總覺得陽光明媚,我彷彿見到了生命中最美麗的彩虹;

然後,不幸的事情總在你最燦爛的時候發生;

以後,繼續發展的事情變得很殘酷。

我內心由此感到無比寒冷。

黃鶯的母親知道我和她女兒之間的事情後,把我叫到她的跟前,用她那根又細又長的中指,在我額頭上狠狠地戳了好幾下,痛得我直求饒,於是我說:「阿姨,我再也不敢了」。然後她叉著腰,瞪著眼再次戳了我幾下,說:「小色狼,再想跟我女兒來往,我就閹了你」。

這件事情經過一段時間後,終於風平浪靜,而我這段沒有劇末殺青的愛情故事,就這樣被一個「凶惡的女人」扼殺在搖籃之中。

事後,我仔細地思索了一下,難怪黃鶯連手都不讓我牽一下,肯定是她媽教的。

其實,我真正想說的一句是:「我沒和你女兒做什麼呀」!

這就是回憶的片段,簡單,沒有過多的曲折,那個年代依然有亮點、青澀的存在。只願那些還在青春時代的人們少年,到某一天,可以有事情回憶,而不是一片蒼白。可惜,我們再

也回不去了。

有時候，我想一個善於回憶的人是不是就無法忘記過去，在他的內心裡是否有解不開的心結。其實，這或許還不是這樣的，至少對我來說，回憶不過是寂寞的時候對過往的眷戀。就算有淚痕掛在眼角，那也是一種青澀的反應罷了，它不會影響到我們今後的生活。

素愛回憶的人，他們都會說「真的再也回不去舊時光了」。懂得回憶的人，他們都知道這樣記憶片段因為舊時光只能在回憶中回到過去，然後會從容、瀟灑地活出現在的精彩。人生如此，感情也如此。

現實在當下，也還會延續到明日。一點都不懂得回憶的人，是佯裝忘情的人，事實上他的內心裡一樣有無法言語的隱痛。

所以，那些回憶的人、佯裝不回憶的人，不管過去的感覺是什麼，就當是寂寞的時候可以填充的東西吧！

最後，還想戀戀不捨地輕聲說一句，回憶的感覺真好。

第四輯
不只是過來人，
眾裡嫣然通一顧

第四輯　不只是過來人，衆裡嫣然通一顧

01. 分手日子裡的成人禮

　　兩個人能在一起，絕對應該是感情的有效交融，儘管過程中也不能缺乏物質的表達，但那一定是另一種物質，就像是一種對待真情實感所需要表達的物質。

　　「失戀」先生坐在咖啡廳裡，破口大罵地說：「再也沒有比她更物質的了。」

　　我知道，他這是氣話。因為，他失戀了。失戀的人最大，最好別惹他們。他們有一大堆莫名其妙的理由來為失戀做辯護，不會看到事情的本來面目。就算能看到，也不敢去正視。所以，在我聽到「失戀」先生破口大罵的時候，我並沒有急於反駁他。我知道，這裡面一點還有隱祕的東西存在。

　　「失戀」先生的女友是屬於物質型的，這不是貶義，至少我覺得應該是中性的。這世界，誰不需要物質呢？沒有物質就無法存活下去，這就好像一條口渴的魚到了陸地，你不給牠水喝，牠就只有死亡了。但人不是魚，也並非隨時都急需水喝，但偏偏有人就要把自己當作是一隻魚，沒有水喝就會渾身不自在，有窒息的感覺。

　　「失戀」先生和他的女友小魚兒的相識並不意外，也不浪漫，是朋友安排的相親。兩人的出生地也不一樣，「失戀」先生在南部，小魚兒在北部。這裡重點說一下小魚兒，小魚兒不是

> 01. 分手日子裡的成人禮

一般的小魚兒，她的星座比較特殊，金牛座。聽說，金牛座的人非常的物質。當然也只是聽說，因為，星座這件事屬於形而上的範疇。

在我看來，星座上說的那些事，更像是一個心理諮商師在對我們進行基礎資訊的描述，若不透過有效的心理暗示，我們的潛意識沒有被開啟，心理諮商師是無法洞悉我們的內心資訊的。所以，星座上所說的不過是將人的共通性概括出來了，並且能與大部分人構成對應關係。於是，我們在這樣看似準確的基礎資訊的暗示下，就相信了星座。可是這和金牛座的「物質」性有關係嗎？至少有一些事情我們可以肯定。因為我們都很物質──我們需要物質來生存，唯一不同的是物質需求量的多少。並且，理論上來說，很物質的人特別好打發。反之，若遇到另有所求的，譬如，還要各種情緒的滿足、滿意──鄙視、傲嬌、發洩⋯⋯那才更讓人頭痛。

小魚兒年方 20，正值芳華正茂，資本豐盈之際。她酷愛別人送禮給她。可是我總覺得送禮是一件很難的事。

首先，你得考慮到送禮的對象。這會要求你必須熟知這個人的身分、內心所需、興趣愛好⋯⋯但是要做到這些，真的需要花費大量的時間和心思。

其次，你得考慮送禮的時間。這可能需要你花費較多的時間或者是犧牲工作的時間，因為那個人的時間極有可能與你不對等，並且把控恰當的時間難度係數很大，沒點策略概念的人

第四輯　不只是過來人，衆裡嫣然通一顧

士很難完全完成。

　　最後，你得考慮對方的心情和處境。這就要求你必須融會貫通前兩項，缺一不可。

　　我們喜歡上一個人不容易，愛上一個人更不容易。正如「失戀」先生和小魚兒一樣，他們原本是同事，「失戀」先生花費了大量的時間和物質才促成了這段情緣。小魚兒最喜歡收下各式各樣的禮物。但這可苦了「失戀」先生了，他周圍的朋友都認為這是交友不慎的代價。不過，或許是只有戀人、知己才可以肆無忌憚地向對方不斷索取吧。

　　所以說，這應是被對方慣出來的壞毛病。等哪一天你不再送禮了，或是送的少了，便宜了，或者……後果就一句話：有你受的。這明明就是分手的最佳藉口啊！原先因為各式各樣的禮物而讓兩人在一起，現在又因禮物而分開，自作自受。

　　我見過戀人、知己之間送禮很誇張的事情。「高山」女士和「流水」小姐是一對年齡差距有點大的閨密，「高山」小姐在過40歲生日那天，收到「流水」小姐的一份禮物。「高山」小姐拿到禮物盒的那一刻，內心充滿了期待，她覺得這次的禮物一定和往常一樣，非常的貴重。她像蝴蝶似的給「流水」小姐一個擁抱加上一個吻。生日宴會在熱鬧、煽情的氛圍中進行，直到曲終人散後，「高山」女士累得筋疲力盡，臉頰紅暈的躺在床上，靜閉了雙眼一會兒，想起「流水」小姐送給她禮物，她翻身起來，欣喜的開啟禮物盒，裡面裝著一張體檢卡，一張淡青色的紙箋，

> 01. 分手日子裡的成人禮

周圍鑲上了金色的花邊，在紙箋背面還寫著一些的文字，看起來精美極了。「高山」女士初見，便由衷的感動。雖然沒有以往的禮物貴重——物質上的，但這份心意明淨似水，溫潤如玉。一句「綠色健康的祝福」話語，直抵「高山」女士的內心深處。過了幾日，「高山」女士拿著「流水」小姐送的體檢卡到醫院去體檢，結果查出一身病，其中最讓她不能接受的是檢查出子宮肌瘤。這真的是讓人哭笑不得，是應該肝腸寸斷，還是感恩零涕，「高山」小姐的內心真不是滋味，各式各樣的情緒都陡然而生了。從此，「高山」女士對「流水」小姐敬而遠之，生怕她再送自己禮物了。

當然，也有送禮送得讓人感動又揪心的。譬如說，一些講究排場或喜愛浪漫的一群人，他們會更加注重物質化，甚至會把一些痛苦加於他人之上，像小丑替人送花就值得一說。

大冬天的，小丑們不容易，在寒冷的氣候裡，他們捧著鮮花，畫著小丑的妝，讓原本很醜陋的面容變得稍微好一些。小丑們受僱於那講究排場或喜愛浪漫的一群人，他們手捧著鮮花，按照僱主們的要求送達禮物。這時候，一定要注意了，小丑們的表演時間到了，他們會選擇特定的地點，譬如，公司大樓的門口、回家的途中……總之，盡可能是人多的地方，目的只有一個，在大庭廣眾下製造驚喜、浪漫。但他們忽略了一些問題，如果對方是屬於內向、害羞之人，這就要出問題了，有時候小丑們會故意刁難，例如有一段時間魔術特別流行，這得

153

第四輯 不只是過來人，衆裡嫣然通一顧

感謝劉謙和各大媒體的共同努力，讓民間興起一陣陣的魔術熱。小丑們也挺厲害，他們也發揮魔術送禮的作用，本來可以一下子就將禮物送到手的，卻非要玩「猜猜 xx 去哪裡了」讓接受禮物之人被弄得哭笑不得，然後是臉色大變；脾氣不好的，順手就是一耳光，打得小丑臉上生疼，火辣辣的感覺。這真讓人看得「怵目驚心」又「心疼一百倍」。小丑們不容易，送禮物更不容易。

其實，上述的是物質化的極端表現。因為我們太過看重，一切都受制於物質，讓我們在感情的交往中變了調，彷彿不送禮物，感情就不真摯，沒有禮物就是對方不夠重視自己。

「失戀」先生的女友小魚兒就是這樣的女孩，她把禮物看得太重。而「失戀」先生的可悲只在於，他太信服於女友小魚兒的「物質禮物論」。兩個人交往不容易，是「物質禮物論」促成在一起的結果。他甚至認為，對待物質女友的禮物需求並不過分，這是應該的，是可以用占自己為數不多的資產當中提取大部分，來滿足對方的物質需求的。在他看來，這是維繫、更是表達愛意的一種最直接、最好的方式。

「失戀」先生就這樣堅持著，直到有一天發現自己再也沒有能力滿足女友小魚兒的需求：結婚必要有一輛不錯的車子、一棟過得去的房子、一枚價值不菲的戒指，這些物質的東西一定要以禮物的形式送出。我不得不吐槽，也許物質豐裕的，可以滿足這樣的需求，但這就像是無底洞，誰都知道無底洞的可怕

01. 分手日子裡的成人禮

之處。問題是，很多人「願意」去填補。

「失戀」先生最終沒能滿足女友小魚兒的「物質禮物論」。可恨的是女友以「我們性格不適合為由」提出了分手，並草草地分了手。「失戀」先生落寞地站在街角，望著那條自己曾經無數次等候在此的街道，那是和女友小魚兒手牽手走過的甜蜜路徑。那一刻，他終於明白，這就是他的分手成人禮，禮物和感情絕對不是可以交換的，不是一場「物」與「情」的交易。這怪不了誰，要怪只有怪有人將「禮物」和「感情」傻傻分不清楚。所以，讓他或者她這樣的人去死吧，徹底斷了以送禮物挽回感情的想法。

兩個人能在一起，絕對應該是感情的有效交融，儘管過程中也不能缺乏適當物質的表達，但那一定是另一種物質，就像是一種對待真情實感所需要表達的物質。我想，哪怕這樣的物質是一朵不起眼的野花，一樣是價值連城的，一樣是愛意最濃的傳達。

最後，我還想表達一個說法，小魚兒真的不是「小魚兒」，而是一條永遠得不到滿足的「大鯊魚」。而「失戀」先生，就是她在某一時期的獵物。但「失戀」先生也並非一無所獲，至少，他得到了分手的成人禮：終於明白一些道理了。

第四輯　不只是過來人，衆裡嫣然通一顧

02. 女人的好色與男人的色迷

　　人性本色，但男人和女人的色又有所不同。其實女人要更色一點，男人的色與女人相比尚有一步之遙，如果用好色來形容女人的色，那麼男人的色就只能算是色迷了。

　　色字頭上一把刀，幾乎所有人都認為這句話很有道理，為什麼認為這句話很有道理呢？那是因為很多人都被這把刀傷過，而且有的傷了不止一次，但是他們被傷了以後仍然樂此不疲地追求，可見喜歡情色在大眾的受歡迎程度絲毫不亞於蘋果。

　　好色是沒有條件的，不管你是腰纏萬貫還是窮困潦倒，不管你是江郎才盡還風華正茂，你都有好色的權利，只要沒有危害到社會的利益，那就沒人有權利阻止你的好色。可以說，好色是我們生活在這個世界上的基本權利之一。

　　每一個人都好色，男人恨不得像古代皇帝那樣擁有一個後宮，每天讓那些佳麗出來選一選，而女人都恨不得像武則天那樣，整個百十位俊男每天輪流拉出來反覆操練，對於這一點，你不得不承認，只要你的器官還能分泌荷爾蒙，你就是好色的，這也是最真實的。

　　和尚也是好色的，而且好色起來比普通人還厲害，就像不久前中國大陸那個一次找了兩個女人玩船震的和尚。試問，這世間還有誰能想到比這更加逍遙快活的色慾。而古時候關於

02. 女人的好色與男人的色迷

和尚的桃色新聞也不少，什麼花和尚的稱號也在少數，更何況判斷一個人好不好色不是看他有沒有色膽，而是看他有沒有色心。我覺得換個說法更貼切一點，要判斷這是不是個人，就只用看他好不好色就行了，畢竟有句話叫做「食色，性也」。

太監也是好色的。很多人都以為作為閹黨，既然做不成那事兒了，也就不會想那事兒了。事實上閹黨們做不成那事兒了是真（除了極少數沒有閹割乾淨的之外），但依舊想那事兒，而且格外想，只是迫於封建制度的壓力不敢將想法付諸實踐。但隨著封建王朝的倒塌，壓力沒了，太監娶老婆的例子就層出不窮，這些大概都發生在民國時期，基本上可以將其視為「衝破束縛」理論的鋪陳。有人會問，太監做不了那事了，娶老婆有什麼用。嘿，其實閹黨們做那事也挺有趣的，就死命地掐呀，咬呀，反正用有點變態的方式，在他們的老婆身上得到發洩，雖然生理上的快感是沒有的，但還是能夠得到心裡上的滿足。

那閹黨們的老婆怎麼辦？怎麼辦，逃啊，被抓住回去就是一頓毒打，然後繼續和太監過日子，沒被抓住自然最好，靠著身上帶出來的錢財找個正常人家嫁了，然後生子過日子。太監老婆的事情說明了兩件事：一是女人也好色，你說她們為什麼要逃，閹黨們的家庭條件無可挑剔，有車有房有工作，即使現在女性的社會地位提高了，你讓她們以被掐一掐、咬一咬為代價，嫁入這樣的人家，保準她們想都不想就答應了；但是你想啊，被掐一掐、咬一咬，那慾望就起來了，等待著更激烈的動

第四輯　不只是過來人，眾裡嫣然通一顧

作，但閹黨們更激烈的動作就是掐或咬得更重一點，還是不能從根本上解決問題，所以他們的老婆冒著被打被殺的危險也要往外逃。二是女人們的好色還包括生殖崇拜，古話說「不孝有三無後為大」，這句話是說，沒有子嗣是最大的不孝，其實這句話是單單說給女人聽的，誰聽說過古時候沒有子嗣，會把原因歸咎於男人的，除非這個男人是閹黨。

人性本色，但男人和女人色的狀況與程度又有所不同。其實女人要更色一點，男人的色心與女人相比尚有一步之遙，如果用好色來形容女人的色，那麼男人的色就只能算是色迷了。

通常來說，男人的色慾往往是精神上的，比較喜歡精神出軌，而且男人的色慾實際上帶著一種欣賞的態度，而女人的色慾往往更習慣於用行動來表達。生活中，我們常常看到一個男人像研究重大科學研究專案一樣看著一個素不相識的女人，事實上此時他早已成為了思想上的巨人，早就在思想上把這個女人扒光了扔到床上。等到這個女人消失的時候，那麼他關於這個女人的一切齷蹉猥瑣的臆想都隨之灰飛煙滅了。而女人則不同，一旦一個女人對某個男人產生興趣，她就會產生比占有一件時裝更強烈的占有慾，不管最後自己是否得手，這種占有慾都會持續相當長一段時間。男女間這樣的區別大概是由生理上的原因所決定的，一個女人可以每天會很多個男人，而一個男人一天要會幾個女人就吃不消了。這一點來看，女人是要比男人色的。

02. 女人的好色與男人的色迷

　　經常出去鬼混的朋友們都應該知道，外面的女人明顯比男人更容易上手，這也說明了女人其實更好色，她們更需要色。但這種爛俗的色慾裡面又包含著一種高雅的成分，那就是母性，偉大的母性，只不過在這裡變得有些庸俗了，因為它慫恿女性們尋找的是生理上的慰藉，而不是鼓勵她們去繁育後代。

　　我曾結識了一位不幸的女士。說她不幸，不只是因為她離過兩次婚，而是因為她現在的丈夫在結婚不久後就因為一次事故而全身癱瘓了，生活不能自理。她說：「其實自己還是很想要的，不過害怕染上病，所以從來沒有在外面亂來過」。她到底有沒有亂來我不清楚，但從她的話可以看出自己難以把持的無奈，她並不是不想亂來，而是怕染上病。但這樣的說法又不十分準確，因為避免染病的措施很多，而且廣告也告訴我們這類病的治療費跟治個感冒差不多。很明顯，她的話是違心的，是對自己慾望的一種迴避，而這種帶著掩飾的迴避更能說明她的需求。請允許我猜測，如果能給她一個遮蔽自己身分的面具，同時為她提供一些避免疾病的措施，恐怕她的話就會變成彌天大謊了。

　　當然，在色慾的問題上說謊的不只是女人，男人也會說謊，但兩種謊言之間有著本質的不同。

　　男人在色慾問題撒謊的時候，往往比較喜歡吹噓，先給自己頒發一個一夜七次郎的名號，然後用盡畢生的智慧和語言技巧盡可能地把自己描寫得像一個皇帝；這裡、那裡都有他的

第四輯　不只是過來人，眾裡嫣然通一顧

女人，這個、那個女人心甘情願地一直跟著他，趕都趕不走。他一般越說越激動，最後離譜得說，自己曾經和某個不算是很有名氣的女明星有著不可告人的祕密。這還不是極限，天空才是極限，他又會扯到某個班機上的空姐，就差沒說到太空人和外星人了。不過他的詞彙畢竟有限，沒多久就理屈詞窮了，幸好這時候一個電話拯救了他，接通電話後，答道：「我，馬上到」！說完，他掛了電話告訴臉上帶著崇敬表情的幾位聽眾，神氣地說：「哎，剛說著就有個女人叫我趕快去」。這才幫他維持住了尊嚴。雖然他說的是實話，但是聽眾們理解不到事實。實際情況就是，那個女人就是他老婆，打電話讓他趕快回去洗衣服呢，回去晚了不讓跪搓衣板，因為跪壞了待會兒沒辦法洗衣服，只好跪主機板了。

先生們，不管你們承不承認，上文所說的絕對是如假包換的真實故事。看到這裡，我相信你們會略微地蹙緊眉頭，心裡產生一點質疑，恨不得上法院去擊鼓鳴冤。確實，這有一點點誇大，不是所有男人都會這樣撒謊。

多數時候，男人在色慾上面的情節都沒有女人嚴重，而事實告訴我們，就像那些小說裡面描寫的那樣，男人哄騙女人不僅罪加一等，而且還會受到讀者們的指責；但若是女人勾引男人的話，那麼官府幾乎不追究，同時還能騙到讀者成噸的眼淚：「你看，多慘啊。」男人們，你們多可悲啊，這待遇上差距也太大了吧。

而生活中居然活生生地上演了這種案例。這起著名的性侵

02. 女人的好色與男人的色迷

害事件，雙方分別是一個喝醉酒的粗野女人以及一個木訥斯文的男人。當時進行得很激烈，女方一直掌握著主動權，而男方基本上躺在地上毫無任何還手之力，這使他的尊嚴傷得更重。這樣一場激烈誇張的犯罪事件，事後盤踞了各大新聞媒體的頭版頭條，引起了強烈的社會反響：許多男人覺得怒不可遏，紛紛表示應該身先士卒，脫光了衣服組團前往一探究竟，以挽回男人們的尊嚴。而女人看了之後情緒穩定，並沒有任何過激表現，甚至平靜得有些反常。（編按：此事件是 2013 年發生的一起疑為酒醉性侵案件，特殊的是，此案為女子性侵男子）。

看，這就是男女之間的差別。男人看起來很色，聽起來更色，不過這種色是色心，是色迷，就像空氣中的陽光那樣看似有實則無。而女人就大不相同了，女人的色是冷靜了，潛藏在內心深處的，就像是撒旦醞釀已久的陰謀那樣一發不可收拾，這樣的色才是真正的色膽，這才是真的好色。

其實，還是那句話，人性本色，色並不一定就是壞事。不能因為女人好色而男人色迷而覺得女人比男人壞，這些都不能歸咎於個人或者某個群體，而是由上帝對男女不同的巧妙創造和文明的發展所決定的。所以，我們應該體諒女人的好色，原諒男人的色迷。

但如果有未成年問起色是什麼的時候，我希望大家撒個慌，告訴他們色是天空上美麗的雲朵，一起組成了海洋裡壯闊的倒影。

第四輯　不只是過來人，眾裡嫣然通一顧

03. 相信星座的人都怎麼了

我們基本上，都願意去相信自己願意相信的事情。

討論這樣的問題很有可能出現兩極化結果：一是你相信星座；二是你不相信星座。

某個週末，我和朋友坐在城市一隅的餐廳閒聊，不經意談到了關於星座的話題。按照他的邏輯，星座這件事就應該相信：因為，星座上說的實在太準了，張三、李四就應了他的推斷，不得不信呀！

我聽了，依然問題縈繞心頭，內心依然犯嘀咕：星座上說的真的就那麼準嗎？

我國中時有一位同學。有一天，她下課後，正準備去小吃攤吃飯，途經一個小巷子，被一個行走在都市叢林中的「大師」叫住了，這段期間，我的這位老同學有感情方面的問題，正困擾、落寞。好一個大師，在阿彌陀佛後，一語擊中她的要害：「施主，你心中可是有放不下的人？你不用回答，你的面相已經告訴了我」。老同學楞了一下，大師最後補充了一句：「堅強的眾生相，無非是虛妄，你的孤傲中帶有萬般捨不得」。

厲害呀！大師這番話普通人或許不能理解，但我的這位老同學，也算是頗有才情之女。她心裡猛地一顫，眼前的這位大師不但看出了她的「身分」，還準確的提到她的「素養」，更看穿

03. 相信星座的人都怎麼了

了她的「心事」，讓人心服口服。

老同學不去小吃攤了，而是和大師去了一家餐廳。

後來，聽她說起了這事，我先是內心一陣竊喜，隨後腦海裡浮現出一個念頭：我也可以用這位大師的話去測試別人呀！接著卻是一陣懊悔：怎麼以前就不信呢？我不也經常碰到這樣的大師嗎？於是，我陸續給很多朋友打電話：你是看似堅強，內心卻有痛楚，熱鬧時嘻嘻哈哈的，安靜時孤獨落寞纏身。如果我說對了，請回覆「嗯」一聲。

果然，很多朋友都「嗯」了一聲。

過了幾日，一個朋友忽然打來電話說：你問的那個狀況不就是現代都市人的通病嘛。

是呀！然後，我不怕被他吐槽的繼續說道：是不是大師擊中老同學的要害，其實也是我們每個人心中的要害？堅強都是做給別人看的？

原來，我們的內心都很脆弱。

可是，到現在我還是感到疑惑：為什麼我們自己就沒有覺察出來呢？為什麼就是行走在都市叢林中的大師用這樣的方式屢試不爽呢？

我在想，那幫和尚——其實是「大師」，他們不在寺廟裡待著，卻行走在花花世界中，他們說佛言，做俗事，一樣的燈紅酒綠，六根未淨。可是我們依然那麼相信他們從口中說出的話。

第四輯　不只是過來人，衆裡嫣然通一顧

太厲害了，不愧是大師！

當我沾沾自喜的把套用大師說的話去測試朋友這件事告訴老同學時，並且還加上了我的邏輯推理。老同學聽後是氣不打一處來說，你呀，太壞了！但我也不是那麼容易就會被攻破心防的，要知道做為星座中優秀的天蠍，哪會這麼容易被你看透，神祕詭譎可是我們的專屬代名詞。你呀！永遠成為不了大師，哼！

沉默了半响，我說：「可是你最後還不是被大師說服了嗎？」說完，老同學給我一頓暴打加怒罵。為情所困的她，在第二天就請假出去旅遊散心了。

我在想，為什麼萍水相逢，或是素未平生的陌生人，能用一句話就點中你的心事？為什麼在這之前從來就沒有交集，有人就能在短時間內把對方描述得如同老朋友一般？為什麼性別差異很大，卻能瞬間相愛？

原來，這不是大師的功勞，而是因為我們大部分都有的共性，只不過有人發現了，所以他成為了「大師」。我們不一定輕易相信那些脖子上掛著佛珠，口裡念著阿彌陀佛的出家人，卻依然被他們說的一些話所感動，甚至深信。人世間有千千萬萬的男和女，而他們的經歷卻又何其相似，或許我們愛的人不一樣，但是，我們可能都經歷了類似的遭遇，然後，我們惺惺相惜，同病相憐；最後，我們走到了一起。這是關於感情和愛。

上述內容，回歸到人的本性，我們還可以這樣說：每個人

03. 相信星座的人都怎麼了

都認為自己是好人，都很善良；不管身材的高矮胖瘦，基本上也都覺得自己長得還不錯，應該可以得到別人的讚美。無論在感情上、性格上、職場上……都一樣。

我說得很坦白，也有些殘忍，但我還要繼續說下去，我們都願意去相信自己願意相信的事情。譬如說，小三在大街上被扒光了衣服；眼中釘終於成為了倒楣鬼；名人隱私被揭穿一定是真的……我們相信樹無風不動，一切都不是空穴來風。因為如此，我們不會對小三、眼中釘、名人心生寬容。因為在我們內心，更傾向寧願相信那些事。

那麼，相信星座的人都怎麼了？他們不過是被人換了一種形式將「我們熟知的共性」重新闡釋了一遍，繼而被矇騙罷了。因為，星座上所說的那些事與大部分的人構成了相對關係。於是，我們在看似準確的基礎資訊的暗示下就相信了星座。

若是此時問我相信星座嗎？我會說，小的時候信一部分，後來就不那麼相信星座了。原因是：在我不停的了解每個星座的過程中，逐漸形成了一種依賴，它正潛移默化的改變我原先的生命航線，生活變得沉重、輕鬆的生活變得很有壓力。不過，相信星座的人會說，這是一種錯誤理解，或是強詞奪理。譬如，他們相信有12種星座，就有12種個性類型的人。

只是，這世上只有12種人嗎？說法何其荒謬。

我肯定相信世上有這樣一種人：當他被某些事情困擾，恰好此時星座學說觸及了他的痛處，他當然就會相信。因為，在

第四輯　不只是過來人，眾裡嫣然通一顧

他的臆想裡，掛念著自己是如何如何的備受折磨，而星座上的說法又是如何一一的「描述精準」。所以，他會相信射手座是態度自由至上，但花心不可靠；雙魚座最愛牢騷囉嗦，多情又無理。其實我們都被這樣的星座分析欺騙了，譬如說，難道天蠍座和處女座就一定合適嗎？這樣的星座組合，到最後分手的故事也沒少聽說吧！

我說不那麼相信星座，不是空想，如果星座可以讓我堅信去做現在確定要做的事是正確的，譬如，我要寫一部關注人內心成長的書；那對我來說，這才是星座存在的正面意義──給予了我正能量。

相信星座的人都怎麼了？只能說，他們是一種人──容易被「大師」一語點中，然後深信不疑。就像我的那個可愛的老同學，她神祕又驕傲，更重要的是能力極強，在她和他的愛情裡，卻因這些條件而逐漸產生了困擾和擔心。若是生活中你也愛過這樣的人，她們是不是讓你既難以放下，卻又不能靠近。當然，這個「她」也可以改為這個「他」。

還是來看看老同學最後和誰在一起了吧！相信星座的她曾堅信與處女座能夠和諧相處，熱愛下去。他們也的確度過一段美好的時光，隨著時間的推移，一開始沒顯露出來的性格也浮出水面了，譬如處女座的自戀情結，經過嘗試磨合，還是分手。即使到這個時候，她還是認定自己和處女座是相配的。可是，現實中的他們的確分開了。

看吧！我們就是這樣被感覺給矇蔽了，我們用自己願意相信的方式去詮釋相信星座的理由。因為，老同學堅信只要處女座再次來臨，他們就會契合。也因如此，她的心中有放不下的人。

而我只想說，大師呀！大師！你怎麼就出現得這麼是時候呢？

晚一點不行嗎？

04. 愛讓我們單身赴約

如果在這個世上，我們注定還會愛錯一個人，注定會陷入一些預謀，我們能做的就是給自己多一些時間，讓時間成為我們的守護神。

一個讀者曾問我很難回答的問題：單身赴約好不好？

我沒有立即回答，說這需要一些時間，多一些思考，或許才能有答案。問題產生的原因和問題的難以回答的確需要時間沉澱，這就跟要讓一個不愛你的人愛上你一樣，但有一點不同的是，其結果可能是沒有結論，即便這樣，愛依然會讓我們毫無顧忌地單身赴約。

所以，我仰天長嘆：愛呀！就會讓我們願意去做。因為，這是我們的選擇。

第四輯　不只是過來人，衆裡嫣然通一顧

　　對於赴約，不乏危險係數高的情況。而且，很多時候都會被標上，因愛而矇住了雙眼的標籤。譬如，先前透過一些網路聊天工具熱聊過後，到達非要見上一面的地步了，這時候，心情的變化是最重要的了，好比你在幕後霧裡看花多年，心情變得癢癢的，有一天終於可以撥開那一層薄霧，進行第一次親密接觸了，那樣的感覺被很多人誤以為是愛。然後，又決絕地整裝出發。「約會」小姐年方 20，長得一身俊俏模樣，週末的時候就喜歡上音樂演唱 APP 唱歌，那聲音甜甜的，潤潤的。在這個世上，有些意外和傷害來自於我們內心的不安份，還有最易挑動的好奇心。比如，一些看似溫順的動物，掩藏在草叢裡的陷阱；一些來自陌生人奇怪的眼神、曖昧的微笑；一些燈紅酒綠或是街角死巷⋯⋯這些看起來平靜、不經意、隨性自由的存在者，他們的行為表現其實就是對大眾善良的一種挑戰，利用人類內心的不安份、好奇心，當然，也可以理解成是一種美麗的誘惑。他們的「行動核心」所彰顯的特徵特別有意思：看起來很美，做起來卻很危險。在這個時候，我們若是能想起一位叫做周敦頤的古人，大多數人、大多時候都有救，這位先知一生最大的告誡就是：可遠觀不可褻玩焉。

　　我們的這位周敦頤大人如果生在此時此刻，他或許無法理解，居然有那麼多人將他的忠告當作耳邊風。他們鋌而走險、樂此不疲，單身前往一次又一次的陌生約會，直到有天出事了，缺乏理性地說是為了愛。因為愛在他們很多人看來，都缺

> 04. 愛讓我們單身赴約

乏理性,也不需要理性。「約會」小姐在某個週末,沒有浸在音樂演唱 APP 的天地裡,她放下了主持人的身段,挺起了優美的身姿和交錯前行的步伐,然後,她手輕輕一揚,一輛急速行駛的計程車嘎然停下,她前行幾步,彎下腰,上了車。看著窗外飛逝的風景,還有千姿百態的人群,「約會」小姐低聲哼起平時最拿手的歌曲〈要愛愛〉,「要愛愛,要愛愛,哥哥我要你的愛,沒有愛愛變老太……」開車的司機,看了她一眼,以讚許的姿態顯示出一種莫可名狀的表情,此時此刻,若是有一個過來人,試著以窺測的方式稍加分析,就會發現,這司機內心也有一種期盼,坐在他副駕駛座的「約會」小姐如果能與自己約會,那得有多好啊!那得有多享受啊!

　　一位經常約會的「專業人士」對我說:「對那些喜歡約會的人來說,時時刻刻都會四處尋找食物,蹭吃蹭喝、渴求約會,飽暖思淫慾,這與那些燈紅酒綠下的男女沒有什麼區別」。

「約會」小姐到達目的地之後,她左顧右盼了一遍,然後,悠悠然地打開聖羅蘭手提包,拿出 Galaxy S22 手機,在螢幕上按出一連串號碼後,將手機放在耳邊,大約過了十多分鐘,一名下穿海灘褲,腳踩拖鞋的男孩朝她迎面走來,「約會」小姐撩了一下被風吹散的頭髮,她再一次撥出手機號碼,見男孩掏出手機放在耳邊,確定了對方就是這次約會對象。「約會」小姐後來回憶說,她當時內心有一些驚喜,因為沒有想到對方是一個比她小三歲的男生,對於芳齡 23 的她有著足夠的吸引力,並

第四輯 不只是過來人，衆裡嫣然通一顧

且，正如透過語音交流的那樣，對方沒有欺騙她。

兩人靠近的那一刻，沒有過多的言語，然後，去了一家上等餐廳。他們點了菜，開心地吃了起來，結帳的時候，男生主動買了單。之後，他們去 KTV，唱歌、在盡情地玩耍中讓彼此的交流更加順暢。

對於「後來的事如何了」這樣的問題，無需多加說明，總之，這次約會後有了第二次、第三次……那個男生都表現得尤為出色，「約會」小姐深深地投入一次又一次的約會中。她就像飢渴的海綿，想要吸盡所有。這世上，彼此之前陌生的人群中，沒有人會無緣無故地對你萬般的好，如果有這樣的好事發生在你的身上，你又把它當作成癮似的去享受，就算有危險也會置若罔聞，在約會如此輕易的今天，內心所想都比較容易實現，於是，我無法就這樣勇往直前，單身赴約。卻不知道，有一天對方撕下偽裝的面具，一些無法阻擋的事就要浮出水面了。

這樣說，不是心中只往壞處去想。那種「看起來很美，做起來卻很危險」的約會，真的不適合單身赴約。但又因為約會這事太普通了，普通得讓大家都忽略了任何擔心和戒備。

所以，在「約會」小姐一次次單身赴約，又是抱以愛的感覺前去，那個讓她信任不已的男生終於可以連本帶利的收回來了。電影裡的浪漫是偶然的，突然得在任何時候、任何地方都可以發生，那種瞬間的爆發性給觀眾的震撼是透澈的，讓我們願意去相信它的合理性。「約會」小姐做夢也沒有想到，她已

04. 愛讓我們單身赴約

經逐漸淪為對方的玩物，她卻心甘情願地為止付出，可是賭徒內心的坑洞永遠無法填滿。賭徒的另一個厲害之處是：他可以讓不賭博之人也「愛上」賭博。對「約會」小姐而言，從前能夠體會到的溫柔浪漫，如今只剩下威逼利誘，讓她不再只屬於自己。這的確很可怕，但更可怕的是，「約會」小姐居然對這樣的結果「習以為常」，讓人說什麼好呢？是否一定要到最危險的關頭，才會醒悟？

在遵照這樣的動物性特質，那些以為「有愛」存在的約會不停地上演著，然後，總有一些人一步步走向悲劇的深淵，還有一些人前仆後繼地單身赴約。

如果我們做這樣的比較，譬如，什麼樣的女性容易成為「單身赴約」的受害者，在我看來，主要有以下三種——

一、長期瀏覽網路，經過一番聊天後，易產生好感或接受誘惑的，並願意與男子見面的女網友。

二、不管出於什麼原因，混跡於風塵中，願意跟隨客人外出的娛樂場所八大女郎。

三、獨居女性，因為孤獨、寂寞，一旦有約會的機會，她們大都會選擇單身赴約。

上面是針對女性而言，對男性呢？可能有人要說，發生這樣的狀況，豈不更好？對此，我們只能笑而不語，我看到過一則新聞，色情男性馬力歐塔殘忍殺害留學生林某事件。如果這樣的施害者是女性呢？如果又是因為單身約會呢？如果還以為

「有愛存在」而欣然前往呢？不要反駁說這是「如果」，因為，我們不敢想像。

那麼，在因單身約會發生致命危險之前，到底有多少人具有辨別是劫數還是善緣的能力？生命在很多情況下都是脆弱的，尤其是在沒有經過仔細思考，發生意外的時候。不僅如此，當我們面對約會的時候，很多人比選擇扔掉垃圾還隨意。有預謀的人，從來不會在臉上寫著「預謀」兩個字，同樣，混蛋們也從來不會告訴別人他就是混蛋。但是，我們就這麼輕易地、自信地、驕縱地跟隨直覺前往，然後掉入溫柔的陷阱。因此，在面對有預謀的約會上，我們都以冒險的方式，將無窮的精力和勇氣盡情釋放。

這樣的釋放越是濃烈，單身約會的可能性就越大。但我並非是要傳達所有的「單身約會」都是有危險的，可是人心不古，誰又能保證一切都是安安全全的呢？誰又能否認愛的存在呢？所以，在讀者問我「單身赴約」到底好不好的時候，我沒有立即回答，這的確需要時間，因為，愛足以讓人頭昏、盲目。而這一些因子都具備私密的特性，讓這樣的約會更加難以與別人分享。

即便是一場閃電般的戀愛，必需單身赴約，我們同樣需要經過一些時間來考驗才行。而不是不假思索地前往。這時候，我們要做的就是放慢腳步，在如今快節奏的時代裡，有時候「放慢一些」，絕對會讓安全係數提高，也會讓我們遠離一些災禍。

我特別感激「約會」小姐能將私密的經驗與我分享。至少

可以作為前車之鑑。如果在這個世上，我們注定還會愛錯一個人，注定會陷入一些預謀，我們能做的就是給自己多一些時間，讓時間成為我們的守護神。

愛讓我們單身赴約，愛又讓我們險象環生。單身與否，全憑於己，那些願意為了愛而耐心等待約會的人，起碼更真心一些。

05.「潦倒」先生的愛情

如果上天要讓你潦倒，如果感情讓你傷痛，如果戀人捨你而去；那就獨自一個人過活，獨自讓自己長大。

「潦倒」先生在遇到女孩霞的時候，她正在折紙船，一只又一只的把它們放在湖中，「潦倒」先生悄然地拿著雨傘站在她身後，剛放到湖中的紙船陸續沉入水中。

她站起來，看了看「潦倒」先生的傘，說：「你怎麼來了」？

「潦倒」先生說：「我喜歡雨」。

她抬頭仰望天空，問：「為什麼要喜歡雨啊」！

「潦倒」先生凝視已經化成紙漿的船，問她到底折了幾只？

她幽幽地說：「不知道，不過已經很多了」。隨後，便轉身離開。

「潦倒」先生追上去，問她怎麼了，她說沒事，只是覺得活

得空虛,沒有錢的日子不好過。

這時,「潦倒」先生默然了,心裡發出一個念頭:如今的女人心中除了錢,還剩什麼?

以後幾天,「潦倒」先生沒有再見到她。「潦倒」先生逼著自己承認,「我已經在世俗中遺忘了她,我這個對真愛還抱有一份奢望的年少者,仍在自視清高中苦苦掙扎,孤軍奮戰」。

我和「潦倒」先生坐在湖邊的小凳子上,我以一種文藝青年的心態聽著他文青式的敘述。我能明白他內心的隱痛,但有時候,我們確實需要一些技巧和勇氣,主動和不屬於自己、心不在焉者分手。這實在是一種必要的訓練。因為,不管願不願意,你都將獨自踏上新的旅程。我在心裡這麼思忖著,卻開不了口,我甚至覺得這般地去勸慰他也起不了什麼作用。這位「潦倒」先生,實在太文藝了。

我抬頭望向天空的時候,「潦倒」先生慢條斯理地說著,說他想不起她的容顏,只依稀記得那天在雨中湖邊下沉的紙船。我聽後,只覺得他的描述挺有畫面感,不像有所感悟。如果他能成熟一些的話,必不會是這個樣子。但我心中有一種急於找到出口的感覺:我想知道最後的答案,「潦倒」先生在數月之後,有一天,行走在鬧街的行人徒步區上,忽然看到她——霞。當時,「潦倒」先生吃了一驚,內心有燥熱難受的感覺。

「潦倒」先生無法忍受曾經的女友「淪落」到這般田地。比方說,她渾身的珠光寶氣在燦爛的陽光下閃閃發亮,她的身旁那

05.「潦倒」先生的愛情

個挺著大肚腩的男人,走起路來搖搖晃晃。又比方說,她還要那麼「佯裝」地表現出親熱恩愛的模樣,手挽手地走在一起。

「潦倒」先生怒火中燒,投去鄙夷的目光。我知道這意味著什麼,是一種無法磨滅的「怪情緒」在作祟。

「潦倒」先生最終選擇了悄然離開,他壓抑住了內心的怒火。他很不習慣這些情緒的產生。他清楚她為什麼在與自己交往不久之後,就選擇了分離。因為,他窮,她也窮。

「在這個年代,誰還願意與一個窮小子同甘共苦啊」!「潦倒」先生默默對自己說,「我不怪她。事實上,我也沒資格怪她。畢竟當初朋友跟我介紹她的時候,我就看出了她的庸俗,只是我不願意相信而已,現在,我信了,徹頭徹尾的相信,不該對她抱有期望的,本以為有了真愛就可以什麼都不顧,在這一點認知上我完全錯了」。

我說:「你有沒有想過,比方說去做一些事……那天摺紙船……」

「潦倒」先生苦笑了一下,說:「我明白那天她摺紙船放在湖中之後又沉沒的想法,我認為她放走和沉沒的一定是那一份人類最應該有的純愛之心。她不想生活過得狼狽,金錢與愛情,她選擇了前者。」

我又說:「這些感悟都是後來才有的吧!」

他點了點頭。開始了故事的敘述。

「潦倒」先生在很長一段時間裡,非常潦倒。他每當想到她

第四輯 不只是過來人，眾裡嫣然通一顧

時，回想到她神采飛揚的表情，就痛苦不堪。很多莫可名狀的思緒如潮水般湧現出來。譬如——

有那麼多的女人，每一個都是如此嗎？

我突然很恨我自己，為什麼還要在庸庸碌碌中生活？

我突然憎恨我自己，為什麼還要去相信所謂的真愛？

……

「潦倒」先生走到行人徒步區路口的時候，突然颳起大風，不久後，天空就下起了傾盆大雨。人們爭先恐後地奔跑著。他沒像他們那樣急忙逃離，一個人站在雨裡，突然變得很清醒：不管怎樣，對我來說，下雨是一件好事，我可以在雨中模糊觀看整個世界。我可以活下去的。人們卻不明白這些，太遺憾了！在回家的路途中他聽見熟悉的歌聲：「大雨下瘋了的長夜，沉睡的人們毫無知覺，突然恨透這個世界……」

這就是「潦倒」先生當時的心境，我為他的敘述註記上「有愛且不捨」的「承受痛苦」。但他卻不願意承認，這純粹屬於典型的死要面子活受罪。如果他也可以提筆行文的話，一定看得出，他的字字句句，言語中必然著隱藏無比的傷痛——事實上，我們很多人何嘗不是這樣呢？因為潦倒，那份曾經堅守的感情，隨著時間的推移，已經逐漸失去意義，然後，我們又開始各種批判、鄙夷……

我曾被「潦倒」先生的遭遇小小地感動了一下，我甚至覺

05.「潦倒」先生的愛情

得他的女友非常對不起他。可是她的抉擇又讓我了解,這些事情在生活之中時常發生,已經見怪不怪,用不著發表任何意見了。可是我,為什麼還要寫下這篇故事呢?有一天,我可能會知道,我們的潦倒導致感情的不牢靠或遺失,但那不是我們的錯;當人生的遭逢不如意時,沒有人願意和你一起並肩同行,其實那也沒有什麼,我們可以選擇恨、鄙視、痛哭⋯⋯但別忘了,一定要在這些負面情緒發洩後堅強地走下去,一個人也可以活得很好,一個人也可以生活得更好,若是耐不住寂寞,必定守不到繁華。試著一個人堅強的活,也遠比困在記憶的痛苦裡更值得。

「潦倒」先生的故事還在繼續,他不停地陳述著一個人的好與不好,夜晚來臨的時候,他會很自然地看看手機,看有沒有人傳訊息來,或者翻翻手機的通訊錄,卻發現沒有一個人可以傾訴。我很想對他說,像你這樣的過來人,一定要有過來人的模樣,完全可以活出一個人的精彩,譬如——

一個人坐公車,一個人回家,好好地工作;

一個人揹著行囊,把知識裝進腦袋,大步地走出另一番人生;

一個人吃著饅頭,吃得慢條斯理,讓饅頭在口中越嚼越香,直到知到什麼叫做美味;

一個人默默地努力,給自己打氣,而後享受成果;

⋯⋯

當有一天，至少在精神上，我們不再感覺潦倒。這樣的人生需要去揭穿，沒有誰一定要愛你，也沒有誰一定會與你相守到底。但，我們可以自己選擇去愛、去守候。整座城市到處都有故事，總會有人不知道車子將開往何處，他們只是漫無目的的，重複著過往的徬徨和失落，嫉恨和哀求……我們會選擇哪一樣呢？答案你自己知道。

如果上天要讓你潦倒，如果感情讓你傷痛，如果戀人捨你而去，那就獨自一個過活，獨自讓自己長大。那些放不下的種種，終將隨著轉變成一名成熟的過來人之後，變得從容、淡定。之後的生活，肯定將擁有更多！

感謝「潦倒」先生，你的故事雖然只是滄海一粟；但你的故事，很多人身同感受，所以，你並不孤獨，也不是一個人在「戰鬥」。

祝願你從此不再潦倒！

願一個人能活得更好！

06. 戀愛裡的他誰最大

任何人都不能仰望對方的鼻孔出氣，任何人都不能輕易地觸犯對方的底線，任何人都不能以「愛的名義」逼其就範。

06. 戀愛裡的他誰最大

　　那是我在這座城市見過最有意思的戀愛法則。大概是在前年的時候，我因為工作需求，到一家廣告公司任職。在我印象裡，廣告公司是一個非常有趣的地方。你會有很多機會接觸到各式各樣的人，也會因此知道很多有意思的故事。

　　回到開頭，那個最有意思的戀愛法則是，女方規定男方在和她一起的時候絕對不能放屁。於是，男方在憋不住的時候，只能想盡辦法、不留痕跡地離開。我覺得她找一個機器人可能更合適，因為，機器人最能夠聽話和也最懂事，但若是遇到變形金剛一樣的機器人，那場面就失控了。

　　有的女人要求男人不能在她面前放屁，可是她們自己確可以放屁，有差別待遇。一邊放屁，一邊要求對方不能放屁。當然，有的男人也一樣，提出一些奇葩的要求。這些來自戀愛中的法則，它們被義正言辭地提出，並且花樣繁多。譬如，有的要求女生不能單獨外出，不能和同事、上司一起出差，不能玩臉書，手機不能關機，不能……

　　他們將上述條件看得理所當然、認為完全應該，說這是為了愛。的確是，的確是被冠以愛的名義：這樣做還不是為了你好。

　　那，戀愛裡的他誰最大呢？或者說憑什麼最大？

　　我年幼的時候，身體不好，經常生病，常把父母搞得焦頭爛額，苦不堪言。有一天，我突然心血來潮，決定號召一幫夥伴去郊遊野炊。這樣的活動當然是需要財力和人力的支援，我是主辦者，決策權在我手裡，也就是說，我可以高高在上、指

第四輯　不只是過來人，眾裡嫣然通一顧

輝大家了。而且，由於我體弱多病，家境又不好（大部分的錢都用在治病了），理所當然的我可以盡量不出人力和財力，只需要帶領、指派他們就可以了。當時，不由得感慨：身體不好真是一件好事！當主辦者真好！居然因此讓我享有「郊遊野炊」的特權，所有的規則都由我來定。

這簡直是太爽了！

這簡直美妙極了！

以至於我看到一起去參加郊遊野炊的夥伴們各個汗流浹背、費盡心思，因為運動需要體力，找家裡面要錢是需要費盡心思的，屬於高體力、高智商的「工作」。

但我也很欣慰，我並沒有看到他們因此而累倒在半路上，也沒有看到他們沒要到錢而沮喪，事實上，他們完成得挺好。

我是那麼的得意，意氣風發。我在自定的規則下「居心叵測」，吃飯的時候，我總是最先吃到好吃的。

這簡直得意到頂了！

這簡直樂在心扉了！

我認識的一群人中，有一個叫樊先生的，通常，我們也叫他為：樊傻眼！樊先生以前並不傻眼，主要是戀愛後的一番變化讓我們著實嚇了一跳。他的確把「戀愛後的人會發生變化」做為人生法則。

樊傻眼以此做為重新出發的起點，他開始改造自己，譬

> 06. 戀愛裡的他誰最大

如，重新做人，不再像以前那樣吊兒郎當；換掉舊家具；設計新髮型；穿上時髦服裝；更換品牌新內褲⋯⋯當然，樊傻眼先生在改造自己的同時，也交出了自己的個人空間。總之，突然某一天，他的Line、臉書、IG、手機（通話顯示頭像）全都換成了女友的照片。後來，他的朋友閒來無事，準備打電話騷擾一番，問他最近過得是否「性福」，沒想到電話一接通，對方傳來一女的聲音，質問的語氣腔調讓這個朋友趕緊掛了電話。過了幾天，樊傻眼先生和這位朋友一見面，劈頭蓋臉地就一頓責罵：沒事你打什麼電話啊！還有一次，我們幾個好朋友打算聚餐，想通知他，我們傳Line給他，沒想到對方回傳一枚炸彈和怒火超人的貼圖。我們幾乎嚇得不知所措。

我必須得鄭重地說明：那個聯絡帳號的確是樊先生的，千真萬確，因為顯示的就是他的頭像。我們一幫人面面相覷，破口大罵：搞什麼，到底是怎麼回事啊！

PS：我們大有衝到他家裡K他一頓的衝動。

後來，在某個落日黃昏的傍晚，我見到樊先生。他痛心地告訴我已經跟女朋友分手了。原因是，樊先生偶然的不再傻眼，竟然發現他的女友背著他隱藏一個私人空間，而且都是天大的祕密。譬如，她在與樊先生交往的同時，竟還與前任藕斷絲連；譬如，與一些異性的親密照；譬如，信用卡刷了不少錢，還使用循環利息，而到底把錢用到那裡去，交代不清。

樊先生大為憤怒，下定決心一定要揪出元凶。當他運用跟

第四輯 不只是過來人，眾裡嫣然通一顧

蹤學發現第三者的行蹤，然後，怒氣沖沖地找對方算帳，沒想到對方比他還凶，拳頭比他女友的胸還大。樊先生趕緊閃人！太危險了！

我們都沒有想到一個徹底改造過的人，會再決定重心開始，傷痛的日子是一番教訓和回憶，目前，他重新建立起新的生活模式，與新的女友交往中，得心應手，其樂融融。

兩個熱戀的人，到底誰大？問題其實沒有一定答案，但兩個熱戀中的人如果其中一方沖昏了頭，那就有問題了。我們不否認要遵循一些戀愛法則，譬如，真誠、愉悅、諒解……但是，如果某一方利用另一方的「熱戀情緒」而制定不合理的法則，並用來要挾：你是不是不愛我了，你是不是不在乎我了，我這是為你好……我想，這就大錯特錯了。

但是，如果對方制定以下的戀愛法則，譬如，你還是少抽菸，這樣對身體不好；譬如，我們一起努力賺錢，誰都不能偷懶；譬如，我們好好相愛，絕不反悔。這些法則不都挺好的嗎？不都能給我們帶來幸福的快感嗎？

所以，戀愛中的他誰最大，根本不是問題。誰也不能仰望對方的鼻孔出氣，誰也不能輕易地觸犯對方的底線，誰也不能以「愛的名義」逼其就範。

我特別理解在交往之初就亮出底牌的人，先說明，後不亂。譬如，不要在戀愛中搞三搞四、朝秦暮楚；不要在吃飯的時候提噁心的事；不要在床上吸菸；不要襪子穿了好幾天不洗；

不要內褲一星期才換一次；不要……

而針對那些喜歡定一些奇怪規則的人，我們也可以以其人之道還治其人之身。譬如，不能在我面前或當眾放屁；夏天不能穿裙子、不能吃冰淇淋；在天冷的時候，不能蓋棉被，只能穿短褲睡覺；在親熱的時候，不能接吻，不能動手動腳，只能看看就結束。拉肚子的時候，不能蹲著，只能站著；哭的時候，不准掉眼淚……

罷了，還是算了吧！戀愛中哪需要規定那麼多限制，也太奇怪了。就算要定，也可能是白定。管得住其人，還管得住他的心？

戀愛中的他誰最大？根本就沒有答案。

07. 當一匹狼愛上一群羊

一匹狼之所以愛上一群羊，不是因為自己有真愛，只是羊太容易去愛。

好像在記憶裡，狼和羊就是我們憤恨和同情的對象。當然，說法絕對不止這一種。我們還可以說，狼和羊之間的關係就是欺騙與被欺騙的關係。甚至，還可以有感情地套上周瑜和黃蓋的一個願打一個願挨。不過，這些說法也並非無稽之談。

因為,往往不可能發生的事情,卻在某一天真的發生了。

我們都極度討厭說謊者,而有不少慣於說謊的人將謊言說得滴水不漏,在一次又一次的瞞天過海之後,說謊已經成為一種習慣,而這當中的佼佼者更是以狼性的法則為標準,不能用謊言將對方說服,誓不罷休。

如果在生活的周遭有一群具備狼性的說謊者,他們隨時隨地開口說謊,他們一次一次透過謊言取得利益。在普通關係的朋友當中,這樣的謊言者也許並不可怕,他們未必會給我們帶來什麼傷害。譬如,在一些公共場合,他們不會說你長得難看,也不會說你沒有才華,他們會說一些美好的話,聽起來讓人倍覺舒服。如果跟這群人只是普通關係,基本上沒有什麼危害,最多只是灌你迷湯,無傷大雅;即便轉過身去,在背地裡跟別人說你的閒話,也無關痛癢。只是當有一天,你知道了真相,鄙視對方,頂多說一句「虛偽」,如此而已。

可是如果,狼性的說謊者與你建立了較為密切的連繫,這時候,傷害的程度將會大大提高,尤其是在感情領域裡。騙與被騙,狼與羊,兩者之間看起來沒有什麼必然的連繫,一旦騙術施展成功,做為被騙的一方,只能成為待宰的羔羊了,而另一方肯定會為了一個接一個的目的,而逐漸發揮惡狼本性。

我們嘴上說著要盡力避免上述情況的發生,可是當我們面臨感情的時候,我們會降低自我的防禦能力。譬如,海誓山盟所說的甜言蜜語,這是我們聽過最假意又煽情的彌天大謊,但

07. 當一匹狼愛上一群羊

我們依然願意去相信。所以，即便是有人在你面前說著謊言，你也不會去仔細思索其中的內容。因為在這個時候，你已經被感動得一塌糊塗了。

可是問題在於，狼性的說謊者在撕下偽裝後，又會如何淋漓盡致地施展其狼性法則呢？就在昨天，我接觸到一個關於「大灰狼」先生和「純愛」小姐的故事。他們是在臉書上認識的，「大灰狼」先生極為善於偽裝，那個時候他就是一匹「乖乖狼」，暢談自己是多麼相信緣分和真愛之間的必然連繫，還大倒苦水的說自己童年時期有多麼的不幸，到了少年時期，經歷過一場災難，所以導致失憶。幸好自己意志力堅強無比，最後奇蹟般的甦醒、恢復過來。現在，他更加相信緣分和機遇，既然如此，那還有什麼不能與「純愛」小姐展開情緣的可能呢？

「純愛」小姐能成為純愛的原因在於她曾經一無所有，但她從沒有灰心喪志。她對「乖乖狼」先生陳述自己的愛情故事，聰明的「乖乖狼」先生以他靈敏的鼻子嗅到了獵物即將到手的美味氣息。於是，他十分感嘆的說：「我終於遇到了同病相憐的人，你的感受我完全懂，也只有我懂。」

我一聽就覺得這是一個彌天大謊，「純愛」小姐應該不知道是第幾位聽到此類話的人了，可是她願意去相信，茫茫人海中能有幾人能不被愛情降臨的喜悅感覺沖昏頭呢？

我沉默半响，然後，只能說：「一個連自己過去都記得如此清晰之人，怎麼可能是失憶患者，可見，你是主動願意去相信

第四輯　不只是過來人，眾裡嫣然通一顧

謊言的。」

「純愛」小姐是一個心思細膩、感情充沛的女人。長期獨居，讓她的感情有了空缺。她聽了我上面的一席話後，哈哈大笑，說當初我為什麼就沒能看出這是一個騙局呢？

我知道她的內心很難受，一種無法言喻的難受，只有被騙過的人才知其中滋味。

「乖乖狼」先生能被喚作乖乖狼絕非浪得虛名，他是一位「心理學家」，還是一位「語言學家」，臉書是他得力的輔助工具，他懂得如何去運用它，如何在一長串的名單中尋找易到手的獵物。

「乖乖狼」先生是少婦殺手，他一次次運用嫻熟的謊言騙取她們的信任，然後財色兼收。當一個又一個的女性心甘情願地陷入騙局，一隻狼愛上一群羊的故事，便在這繁華的城市上演著。「純愛」小姐真的很純愛，很單純，很純情。她以為自己找到了一位可以一起生活的好男人，她願意以她的愛去接納一切。那麼，此時不被宰，更待何時？

一匹狼之所以愛上一群羊，不是因為自己有真愛，只是羊太容易去愛。所以，與其說狼的可恨之處，還不如說是羊群成就了狼的一次又一次的狼性施展。

我也見過很多遭遇分手的人們，在經歷被騙之後還努力尋找、甚至想求證當年愛過的那個人，他們是不合格的過來人。

> 07. 當一匹狼愛上一群羊

他們的搜尋和求證行動,將會為他們再次付出慘痛代價埋下伏筆。這些他們搜尋和求證的過往細節變成了羊群美美的回憶。他們會說——

就算他再壞,也曾經愛過我。

就算他騙我,難道就沒有動過一點點真情?

⋯⋯

我聽後,表示無語、痛心。

那些讓我們無法忘懷的、無法面對的、拚命搜尋交往過程細節的,到現在使我們念念不忘的,僅是我們曾經的刻骨銘心。而我們無法釋然,大多還是因為我們心有不甘、還有奢望。當我們被生活中的那匹惡狼所騙,多年後,我們有機會能好好暢談,我會說,那些狼說過的話、做過的事都不是騙你的,它們過去了;如果你耿耿於懷,覺得難受,就是把真話當成謊言了,那又怎能知曉很多真實的東西呢?譬如,狼性;譬如,山盟海誓;譬如,甜言蜜語⋯⋯

惡狼騙子的出現不是偶然,一群羊被陷害也不是必然。一切是因為我們太需要愛——被愛、去愛。此時的羊群大多不願意或者不能主動的去放棄這段感情,短暫的激情真的那麼重要?一時半刻沒能擁有愛情就真的那樣難以忍受?那些用於博取信任、獲得理解、掩蓋真相、裝瘋賣傻、慘不忍睹⋯⋯等等的伎倆,在我們的感情空缺處一一滋生、蔓延,隨著時間地推

進,謊言終於產生效果。

其實,辨識狼性的欺騙並不難,基本上有多少謊言就有多少漏洞。我們沒有辨識出,不過是在那個當下更需要謊言而已。因為,那樣的謊言可以讓你獲得滿足感、安全感、成就感、被愛感⋯⋯這些感覺我們可以用自欺欺人來形容。

當我們在虛擬世界先信了那些話,然後又信了那個人;

當我們在現實世界先信了那個人,然後又信了那些話;

當我們願意去相信,那份可以及時填滿內心孤獨、寂寞的感情,然後毫無防備的去接納一切;

當我們嘴上說著害怕受騙,內心卻不願意接受逆耳忠言,尤其是你和他不對等地面對同一份感情的時候,然後降低自己的標準,反而極力去抓取。

⋯⋯

我不知道還能繼續說什麼,我能說的只有這些。誰也不是誰的救世主,所有的言語只是一種陳述。也許我們無法去掌控什麼,譬如,他人的想法、事態的發展⋯⋯但我們可以選擇勇於說實話、面對謊言,甚至我們還可以「雞蛋裡挑骨頭」。

當一匹狼愛上一群羊,願這樣的狼無處躲藏,願這樣的羊不再上當。

08. 暗戀者是一隻菲尼克斯

　　過程的結束是難過的,並且這樣的難過會延續一些時間,但,終究會過去的。不死的情懷是為下一段的真愛而精心準備。

　　這世上有一種感情可以用一種鳥來詮釋,那就是菲尼克斯。而這樣的感情,就如同我們盯著對方的眼睛,看那眼神有沒有讓你願意陪在其身邊的衝動,若是有了,日後就不會嘆氣和後悔。但,此番執著永遠是容顏易改,情卻未來。

　　我將上述的感情稱之為暗戀者之殤。只是我們的菲尼克斯,其心不死。因為,牠存在於一種神話中。據說,菲尼克斯可能由埃及神話中的貝努鳥傳到希臘的。大約每隔五百年左右,菲尼克斯會採集各種有香味的樹枝或草葉,並將之堆疊起來後引火自焚。最後,在留下來的灰燼中會出現重生的幼鳥。這簡直就是永生不死啊!

　　暗戀者是一隻菲尼克斯。在深秋之際,逼近大齡的「菲尼克斯」小姐有了一場美麗的邂逅。其實,在此之前,她初次暗戀一個人的時候就已經不小了。大約是在中學時期,那時候,天正藍,躺在學校操場草地的她仰望天空,一隻美麗的小鳥從眼前劃過,她聽到一聲呼喊:原來,不來電同學——她的異性死黨小K來了,她站起身,扭頭一瞥,對方的模樣映入眼簾。她喜歡他,可是他不知道,儘管多次暗示,對方沒反應。她在心裡

第四輯　不只是過來人，眾裡嫣然通一顧

著急：真是一個不來電小子。後來，時間稀哩呼嚕地過了三、五年，她就一直這麼暗戀著。而暗戀的代價就是，她和小 K 成了最好的朋友，然後，兩人變成小姐、先生。坦白講，大家都好辛苦啊，就像和她一起暗戀著別人的所有人一樣。

「菲尼克斯」小姐繼續長大，而小 K 因工作原因，離開了她的視線。於是，她和最好朋友之間的暗戀事件不得不宣告終結。因為，時間真的可以讓人忘記一切。除非，有那麼一些事件恰巧在某個場合發生，或許，它就可以喚醒一個人心中隱藏多年的情緒。譬如，緣分。

緣分是暗戀者又愛又恨的東西。就如同這一次「菲尼克斯」小姐遇到生命中第二個對味的人一樣。這個人我們把他叫做「不察覺」先生。這樣叫他，不是說他反應遲鈍，而是他似乎天生對一些微妙感情不察覺，總給人一種不來電的感覺。

暗戀一個人有多少個步驟，就有多少個又愛又恨的情緒階梯需要攀登。暗戀者的初始，注定是默默地產生好感。「菲尼克斯」小姐初見「不察覺」先生是因為工作的緣故。她覺得這個男人清瘦白皙、淡眉細眼的容貌太吸引人了。最重要的是他還寫得一手好文章，文青感十足。要知道，這絕對可以煥發出一種叫做氣質的東西，而這種東西一旦和容貌美妙結合，絕對會呈現出超強的感染力與殺傷力。

一個人擁有養眼的容貌已經是上天的恩賜了，如果再讓他擁有氣質，那基本上就近趨完美。這樣的人混在人群裡，總會

08. 暗戀者是一隻菲尼克斯

輕易的引人注意。就像徐志摩的詩一樣：他就這樣輕輕地走過來，他成了她的朋友。從客戶的辦公室走出來，「菲尼克斯」小姐和「不察覺」先生面帶笑容，儘管疲憊卻喜悅，在兩人的共同努力下，順利簽下一筆大單。

「我們去慶祝一下吧」！「不察覺」先生伸展了一下雙臂，提議道。

「我們？去慶祝一下」？「菲尼克斯」小姐有些疑惑，有些驚喜。

「是的，就我們，沒有其他人」。「不察覺」先生看了她一眼，舉手投足間充滿了肯定和熱情。

「好啊！去哪裡呢？中心廣場附近的中間地帶」？

「嗯哼！不錯哦！和我想的一樣，我請客」。

「菲尼克斯」小姐嫵媚地點點頭，內心突然有一種莫名的感覺產生了。她強調自己對他並無性慾，只有一種類似溫暖的東西擄獲了她。這樣的感覺真的很好，讓她覺得呼吸香甜，內心安定。

中間地帶，西式餐廳結合的典範，音樂、色彩、美味……一切為浪漫而生。

這一晚，他們暢談，他們歡樂。最後，「不察覺」先生還送「菲尼克斯」小姐到住家的樓下，「菲尼克斯」小姐邀請他上去坐坐。「不察覺」先生說：「不用了，晚安」！然後，他優雅地轉身

第四輯　不只是過來人，眾裡嫣然通一顧

離開。望著遠去的背影，「菲尼克斯」小姐輕嘆了一口氣，內心想著：要是他……

以後的日子，工作以及各種偽情侶似的約會、吃飯、看電影，兩人越走越近，彷彿是一對出雙入對的戀人。那時候，適逢「不察覺」先生也單身，距離他分手前任已經兩年。這世上，人與人的相逢和交往總會伴有一些不可名狀的感情。你那麼的在乎一個人，而那個人在某一刻給了你可趁之機。於是，一個人給另一個人帶來想像的空間和一種更加接近的可能就這麼發生了。

就這樣，暗戀的感覺迅速擴大，而後，這種感覺已達到滿溢的程度，就會讓其中一個人對其他人發出明示暗示性的言語宣告。譬如，好朋友；譬如，閨密；譬如，死黨……當然，這麼多人當中，唯有「另一個人」是不知道的。

有的人會咬著牙，說：「暗戀有什麼，說出來不就行了嗎」？的確是這樣，這是勇氣的問題。可是偏偏「不察覺」先生當著她的面說過一句話，「你真像我死去的姐姐，我的姐姐從小就很疼我，那次車禍……哎！要不，你做我姐姐吧」！「不察覺」先生言辭誠懇，眼泛淚光，那一刻，由不得「菲尼克斯」小姐拒絕……

「菲尼克斯」小姐暗戀「不察覺」先生逐漸朝向公開化。但她無法開口向他表白，做姐姐的怎麼能愛上弟弟呢？暗戀的人往往都很鬱悶，很憂傷，很被動。他們暗戀的情愫就像見不到陽

08. 暗戀者是一隻菲尼克斯

光的向日葵，就像沉在水底的石頭，沒有人撥開迷霧，沒有人打撈出水。

暗戀絕不會輕易結束；

暗戀者絕不會輕易放手；

暗戀者的故事仍在繼續，在升溫……

「不察覺」先生成了「菲尼克斯」小姐在其他場合中高度關注的話題，她也享受著來自閨密、同事的各種對話體驗。這當中既有悅耳的、也有刺耳的，那些局外人觀察清晰，字字句句都那麼的精準、有力。在他們的讚美、鼓勵、攻擊、批評……下，她也贏得大量的思考線索，並憑藉這些思考完成了一次又一次的感情梳理。她覺得自己真的不願意成為「不察覺」先生的姐姐，她確定自己感情深處只有三個字，那就是：我愛你！

「不察覺」先生似乎沒能覺察到這些，他繼續與「菲尼克斯」小姐進行著各種約會，他是一位「與民同樂」者，是一位「八面玲瓏」者。總之，他像若無其事似的出現在「菲尼克斯」小姐的生活裡。

「不察覺」先生心如止水地保持著溫暖淡定的姿態。其實，那些女人濃情密意的訊號並不難辨認。所以，旁觀者只能乾著急。在他們看來，「不察覺」先生做為一個直男失敗的地方就是，他既看不出「菲尼克斯」小姐喜歡他，也看不出閨密們都在伺機而動，幫助「菲尼克斯」小姐營造各種機會。譬如，聚會上，「菲尼克斯」小姐的閨密們使壞了各自的顏色，擠壞了各自

的眉眼;譬如,旅途中,「菲尼克斯」小姐的同事們盡量釋放出自己存在的空間,只為促進他們的交流;譬如,會議上……

「不察覺」先生就這樣心無旁騖地活在「菲尼克斯」小姐的生活裡,他溫暖而淡定,他從容而不迫,只留下「菲尼克斯」小姐默默反芻,如同在進食經過一段時間後,再將半消化的食物吐回嘴裡再次咀嚼,那樣的感覺實在是意味深長了。比方說,他既然對我沒有那意思,可是為什麼還對我這樣呢?他……到底是什麼意思呢?比方說,每次送我回家,為什麼不肯上去坐坐,他為什麼不可以給我一個擁抱,他怎麼這麼說再見呢?簡直太沒感覺了……

林林總總的,這些可以不斷反芻的話題與疑問成為「菲尼克斯」小姐與閨密分享的唯一話題。可是,即使反芻再三,就是沒有答案。

暗戀者就是一隻讓人感慨的菲尼克斯,他們以頑強、執著、深情……著稱,他們深深地認為對方不明白、不理會、不察覺……是自己愛的征途中最好的禮物,他們相信總會水落石出,雲開月出。只要他們願意去等待,他們就有數不盡的機會可以證明自己正在被愛或者還有更多新的可能。

這樣的等待讓「菲尼克斯」小姐痛苦萬分。獨居一處的時候嘆著氣,喝下杯中紅酒,不時還流下幾滴眼淚。當然,大部分時候都不是這樣的。有人說,有愛在什麼都不怕。對她而言,再也適合不過了。所以,她願意去等;因此,她大部分的時候

08. 暗戀者是一隻菲尼克斯

都活在希望和憧憬中，她自得其樂並默默享受著暗戀的美妙感覺。她期待自己一人躺在床上，寂寞幽怨時能有「不察覺」先生的一個電話。她拿出塔羅牌進行占卜，也找街頭算命大師推算姻緣……終於，她無法忍受這樣的折磨，她走到浴室洗了個澡，然後化了妝，鏡中的她比平時更美貌動人，最後，她急衝衝地走下樓，坐上車，行駛到閨密樓下，她付錢下車，咯噔咯噔地上了樓，閨密開了門，睡眼惺忪地問她有何事，她瞪了一眼，閨密心神領會，讓她拿出手機，說，你打電話跟他說啊！打啊！她卻不知所措，最後選擇逃開，說，我怎麼可以表白呢。不能，絕對不能……我好緊張，我好害怕……

閨密們真的怕了「菲尼克斯」小姐，怎麼愛一個人要說出口這麼簡單的一件事，到了她那裡就變得如此困難呢？如果這世上沒有錢不可以解決的事，她的閨密們一定會慷慨解囊。可惜，錢不是萬能的，它代替不了「菲尼克斯」小姐的表白。「菲尼克斯」小姐缺乏表白的勇氣，她需要的是一種叫做勇氣的催化劑，於是，有一天，她藉著酒勁開始表白，她對「不察覺」先生說：「我喜歡你，我不想做你姐姐」！

「不察覺」先生從容地笑了笑，說：「你喝多了，走，我送你回家」！

「菲尼克斯」小姐聽了，也覺得是應該回家了。然後，「菲尼克斯」小姐天真地以為這層紙窗還沒有被捅破，畢竟是醉話嘛！第二天醒來，「菲尼克斯」小姐揉揉疲憊的雙眼，伸了伸腰，開

始了新一天的生活,她發生了變化,變得沉默了,而「不察覺」先生也回到最初見到她時的狀態,相敬如賓。之後,他們依然在一起工作。

「菲尼克斯」小姐的故事讓人困擾。我們往往後知後覺,有時又入戲太深。此刻,若有心情,可以聽著鄭源的歌:「我竟如此入戲太深,拿捏之間失了分寸。我竟如此入戲太深,夢和現實亂了界線。我竟忘記原本的自己,全陷入你要的角色裡,恍惚中,我為你流下真的淚⋯⋯」

我特別想知道故事的結局,「菲尼克斯」小姐說,後來有一天,她請了「不察覺」先生吃飯,再次鼓足勇氣對他說,我喜歡你。對方說,我知道啊,可是我們不能相愛,我只當你是我的姐姐。「菲尼克斯」小姐默默地點了點頭,眼裡泛著淚花,這一刻,她終於知道了答案,她終於了卻了心願。

窗外下著雨,「菲尼克斯」小姐隔窗而望,將臉輕輕地貼在玻璃窗上,一個疼痛的聲音從心裡傳出來:忘了吧!忘了你,忘了痛。

她知道自己會活過來,她是菲尼克斯。其實,我們「不能相愛」這件事在感情世界裡絕不是個案,這世上不能相愛的人太多,但我們不只是「不能相愛」,我們需要菲尼克斯的不死精神,不能相愛又如何,總會有可以相愛的,結束一段暗戀和結束一段戀愛是一樣的。核心問題是勇於去結束,尤其在知道答案後。

08. 暗戀者是一隻菲尼克斯

　　過程的結束是難過的,並且這樣的難過會延續一些時間,但,終究會過去的。不死的情懷是為下一段的真愛而精心準備。

第四輯　不只是過來人，眾裡嫣然通一顧

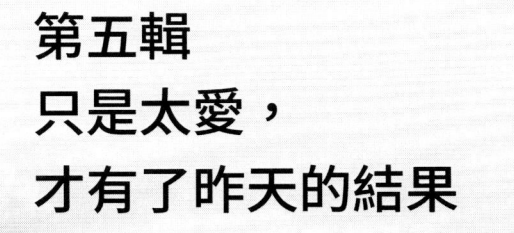

第五輯
只是太愛，
才有了昨天的結果

第五輯　只是太愛，才有了昨天的結果

01. 你的愛包含了另一個人的傷心

　　從前那是最美的浪漫，現在卻成了最痛的傷口。想忘了他所以決定愛上你，長久以來我不知我自己有多傻。

　　我們都渴望在愛情裡勇敢，尤其是在面對「你的愛包含了另一個人的傷心」的時候，蘇慧倫〈戀戀真言〉地唱著「想忘了他所以決定愛上你，長久以來我不知我自己有多傻」。這一刻，缺了勇敢，多了傷心，當然，也隱含了一種愛。

　　我知道這樣一個故事，一位女士和現在的老公認識時，她還和前男友在一起，只不過那時候，他們總是吵架。而每次吵完傷心時，她都會向老公哭訴。這時，她的老公會一個勁地安慰她，並一直陪著她。這位女士的老公知道她很愛她的前男友，卻從來不要求她分手。他說只要對方開心就好。後來，這位女士和前男友分手了，她很痛苦。那一刻，他抱著她，讓她哭了個痛快，並告訴她會和以前一樣，一直守著她。這位女士現在很幸福，她說，也許放棄錯的才會遇到對的。

　　放棄錯的才會遇到對的。我絕對相信這句話，相信這是真理。可是，你的愛是否又包含了另一個人的傷心呢？我的意思是，誰來在乎這樣的傷心，這樣的感情體會又是什麼樣。有人說，一個人永遠無法理解另外一個人的悲傷，就像是別人無法理解，為什麼一個人聽著歌都能淚流滿面一樣。

01. 你的愛包含了另一個人的傷心

「傷感」先生今年已經30出頭了，他好不容易戀上「離開」小姐，據說，兩人的相識在一艘客船上，特別的浪漫。

「傷感」先生的身上兼具一些因浪漫而容易讓人忘記的東西，這些東西包括家境、容貌、過去……這樣以來，故事的發展就很有意思了。浪漫的感情是情人眼裡出西施，是眼睛裡揉不進沙子，「傷感」先生頭髮有點稀疏，帶著眼鏡，斯斯文文的。他身穿一件花格襯衫，下身一條藍色沙灘褲，搭配上一雙涼鞋。就是這樣的裝束，讓他在船客中鶴立獨行，容易被人一眼「認出」。但，這並非「傷感」先生刻意所為。那天，他睡過頭，一看時間已經不早了，有可能趕不上最早的那一艘客船，於是，他匆匆趕往渡口。就是現在的這般模樣，這般裝束。

「傷感」先生其實並不出眾，他之所以傷感是因為他的性格所致，很小的時候，母親就跟著一位水電工的師傅私奔了。當然，這些事都是他父親以痛苦的姿態告訴他的。一個人的性格或多或少會受到情緒的左右，這種情緒是後天帶給他的，就像一個原本很開心的人，有一天遭遇變卦後，他變得不開心了。「傷感」先生的傷感是對過去的耿耿於懷，他的過去回想起來都是痛苦的回憶。但這一次，他的人生風景正在慢慢地發生變化，他遇到了美麗的「離開」小姐。

兩個人的相遇沒有特別緣由，只是由於某種神祕的力量吸引了彼此，但我們說不清楚到底是什麼。想來就是「緣」吧！我對這個字有比較複雜的情緒，因為凡是說不清楚的感情，或

第五輯　只是太愛，才有了昨天的結果

者說新認識了某人，我們都可以一概地稱之為是緣。並且，佛也如是說，道也如是說，它就存在於萬物之中。「傷感」先生和「離開」小姐併坐在一起，然後，「傷感」先生為她講了一個故事，這個故事源於一本叫做《我與卡斯特羅》的自傳，而書中女主角則是該書的作者瑪麗塔‧洛倫茲。她和卡斯特羅的相遇也是因為緣，有一天，她不得不奉命殺死自己最愛的人——卡斯特羅，可是她愛他，不忍心親手殺死自己最愛的人，痛苦、煎熬……這些複雜的心緒讓她難以抉擇。

「那她最後殺死了自己的最愛麼」？「離開」小姐凝視著「傷感」先生，她想知道答案。

「沒有……」「傷感」先生的回答有些凝重，「在愛情與任務中，她選擇了愛情」。

我知道這個的故事，我可以把「傷感」先生未講完的繼續陳述下去。因為，當「離開」小姐聽到「在愛情與任務中，她選擇了愛情」這句話時，她選擇了沉默，也扭過了頭，看著飛逝的風景。此時的她在想些什麼呢？我們不得而知。

瑪麗塔‧洛倫茲因為愛情，選擇了放棄任務，回到美國後，受到了美國中央情報局最嚴厲的懲罰。當然，這種懲罰只是肉體上的，在她的心靈深處，卻一直在滴血，愛在現實中竟然表現得如此的慘烈如血。可是，愛又是這世上力量最強大的東西，為了卡斯特羅，也為了她人生中唯一的一段愛情，她後來選擇了終生未嫁。

01. 你的愛包含了另一個人的傷心

「離開」小姐回過頭的時候，她的眼睛有些溼潤，她的內心正被一種思緒牽引著，然後，到達某一個最脆弱的程度，想起一些刻骨銘心的過往……

為什麼會在客船上，為什麼要去旅行，為什麼要相遇……一連串的問題在腦海裡迴旋，這些問題的答案或許並不重要，重要的是「傷感」先生和「離開」小姐熱烈地在一起了，下船後，他們去看了一部紀錄片，名字叫做《親愛的菲德爾》。

「傷感」先生和「離開」小姐相擁在一起，有相見恨晚的感覺。那樣的浪漫氛圍下，被忽略掉的東西會在這樣的感情狀態下隱藏起來，他們決定居住在同一座城市。男人因浪漫而感覺刻骨銘心，每個人或多或少都曾想過，有段浪漫而又刻骨銘心的感情經歷，那樣的感覺即使短暫如白日嘶鳴的夏蟬，也足以品味一生一世。這是「傷感」先生在那段時間——同居的日子裡內心深處最激烈的意念。「傷感」先生內心有種恐懼，擔心有一天「離開」小姐會離開，他想起父親說的話，想起母親，想起很多事。

於是，「傷感」先生拚命想著維繫浪漫，製造浪漫，他想在美麗的「離開」小姐心中樹立一個浪漫男人的形象。可是，他忘掉了製造浪漫就像製造驚喜一樣，總有一天會用盡的。某個夜晚，「傷感」先生和「離開」小姐一番浪漫纏綿後，「離開」小姐忽然問了一個問題，她說：「如果有一天我離開了，你還會愛我嗎？」

第五輯　只是太愛，才有了昨天的結果

「傷感」先生內心一震，沉默許久後才回答：「我會很傷心。」
「離開」小姐聽後，將他抱得更緊。

「傷感」先生繼續費力地製造浪漫，而「離開」小姐也將他抱得更緊。可是愛情的全部絕不只是浪漫，它還有其他的東西存在，譬如，面對生活挫折的勇氣，物質需求的滿足感。這時候，原先因為浪漫而被忽略掉、隱藏起來的條件開始漸漸呈現出來：家境、容貌、過去、一些陋習……這些東西突然一天讓「離開」小姐特別在意，甚至有一種後悔的感覺一掃而過。但這樣的感覺太微妙、太重要了，它提醒著自己要去重新思考、審視一段感情的前因後果。原來，兩個人的感情就像是一齣戲，入戲太深，迷失了真實的自我。「傷感」先生不過是戲裡面的配角，她的內心深處還愛著過去的那個人，她要回去，她要回去重新尋找，當初的負氣出走不過是一時的衝動。現在擁有的浪漫，在回歸現實後，只會讓人更加清醒、清晰，明白自己該何去何從。

但浪漫總是讓人刻骨銘心的，叫人難忘。「離開」小姐說自己不是不愛了，是更愛了。我說，你的愛包含了另一個人的傷心。我又說，你能體會「傷感」先生的傷心嗎？「離開」小姐搖著頭，說：「或許知道吧！至少我也曾經愛過他」。我嘆了口氣，對「傷感」先生而言，從前那是最美的浪漫，現在卻成了最痛的傷口。

一個人因為浪漫而被人愛上，又因為浪漫而讓人想起以前的事，那他在愛裡扮演著什麼角色呢？我認為，一開始是另一

> 01. 你的愛包含了另一個人的傷心

齣戲的主角,最後會是對象原本的故事中,傷心的配角。他當主角的時候喚醒了一個人的回憶,很多人都對過去念念不忘,他們想著要回去。而你,正好在這個當下出現,相遇的事情就是這麼奇妙。

多年以後,我才知道,「離開」小姐曾經擁有一段刻骨銘心的愛情,那樣的愛足以讓一個人去粉身碎骨,那個他曾經也很浪漫,浪漫得讓人心碎⋯⋯所以,她選擇負氣離開。這樣的離開,不是沒有愛了,相反愛會更加強烈,但它需要一些時間、一些過程、以及一些情緒的變化才能夠重新再起。

因此,我們可以肯定的回答:「離開」小姐因為還愛著前任,她在「傷感」先生那裡只屬於寄居,她也愛過他。都是浪漫,有先有後,先入為主,最初的更讓人印象深刻。感情有的時候就是這麼沒法說清,「傷感」先生,算你倒楣,而刻意浪漫總是略遜一籌的,更何況,你本身也是一個沒有安全感的人,如何讓愛你的人有安全感呢?更何況,「離開」小姐說她就是「瑪麗塔・洛倫茲」,他的前任就是「卡斯特羅」。

你的愛包含了另一個人的傷心,那種傷心,只有經歷過的人才懂得。「傷感」先生臨風長泣,他終將明白,這樣的傷心,不是因為沒有愛了,而是愛不在他身上停留了。

不屬於你的愛會飛走,曾經擁有的愛會逝去,下一段愛還會到來。我們要麼繼續傷心,要麼選擇離開,讓屬於你的愛有機會到來。或許,這樣會更好。

第五輯　只是太愛，才有了昨天的結果

02.「皮膚飢渴症」進行曲

　　相比之下，那些表面看起來沒有皮膚飢渴症的人，他們做作地表達愛意，遠遠比不上皮膚飢渴症「患者」的真實。因為，後者比前者來得坦然，來得熱烈。

　　史考特・海姆在他的小說《神祕肌膚》裡，講述一個關於肌膚的故事。

　　小說中的布萊恩和尼爾，兩個未成年的小男孩，他們有著相同的遭遇：8歲那年，童貞被球隊教練奪去。從這以後，兩人心裡留下難以抹去的陰影，以及被扭曲了的認知。

　　對布萊恩而言，從失去童貞開始，那些揮之不去的畫面片段和可怕的夢魘，如影隨行。至於尼爾，經歷過被教練泰勒奪去童貞的那個風雨交加的夜晚，則是他幼小心靈情竇初開的伊始。

　　長大後，布萊恩一直苦心試圖尋回那段失去的記憶空白，為了這段記憶，他瘋狂的去聯想，甚至覺得這一切與外星人有關。而尼爾卻成為同性戀者，走上了出賣自己肉體的道路，為了能體驗這種同性遊戲的瘋狂，他搬去紐約。

　　十年後，布萊恩找到了當年和尼爾同在一個棒球隊的照片，並以此為線索找到了尼爾的住所。在教練泰勒奪去童貞的房間，一些真相陸續被解開……

02.「皮膚飢渴症」進行曲

他們將如何面對今後的生活，或許，只有完整讀過小說的人才會有所悟。後來，美國著名導演葛瑞格・荒木根據史考特・海姆的這部小說，拍攝成同名電影。

特別喜歡《神祕肌膚》這個書名，但我更關心，我們的肌膚到底有多神祕呢？或者說，我們的肌膚是否存在著一種飢渴？據說，當「皮膚飢渴症」被人類發現後，一些關於肌膚的渴望症狀便有了「合理的解釋」。譬如說，人類需要每天進行皮膚間的接觸才可以更好地發育。又譬如說，那些皮膚飢渴症「患者」喜歡接觸別人的皮膚，他們會覺得很溫暖。這的確讓人匪夷所思。但對於皮膚飢渴症患者而言，似乎「挺正常」。因為，在他們身體上的每一寸肌膚，都隱藏著一種「飢渴」，這就像餓了就要吃飯一樣。更何況，那些皮膚中的神經纖維和神經末梢是如此的敏感，它們正透過觸覺傳達需要被「愛撫」的訊號。如果我們的皮膚長期處於飢渴狀態，自然如久旱遇甘露一般。像布萊恩和尼爾就有這樣深切地體會，他們被球隊教練奪去童貞後，逐漸變得對肌膚相親有一種飢渴式的成癮狀態。

「飢渴」小姐的家境並不算好，很小的時候就成為一名孤兒，寄居在姑姑家。那時候，她特別渴望得到愛。當她看到其他的孩子，有媽媽親吻、有媽媽撫摸入睡的時候，她總是熱切地看著，假設式地回味著。長大夠後「飢渴」小姐最愛說一句話：這不是我想要的……

這不是我想要的……那她想要的是什麼？

第五輯　只是太愛，才有了昨天的結果

中學的時候，她愛上一個男生，有了第一次的親密接觸──擁抱，那樣感覺真的很好，用她最愛的話來說：這正是我想要的……

後來，她和那位男生有了肌膚之親，她那麼地渴望肌膚有被愛撫的感覺。她迫不及待地追逐「愛撫所帶來的快感」，可是快感很短暫，總不能滿足。漸漸的，她成癮了，一個人的時候，會嘗試自我按摩，但總覺得缺少些什麼。有一天，她的同事說有一家中醫按摩店。技術非常好，女同事們都相約而去。「飢渴」小姐去過中醫按摩店之後，之後每個月在按摩店的消費都高達數萬元。這樣一筆費用，對她來說是無法負擔的，不夠的部分，只能向男友索取。問題是，男友的薪資也不高。更重要的問題是，男友工作很忙，忙得很少回家。

以後的事，變得很困擾，也很麻煩。「飢渴」小姐的男友Z先生被逼著陷入了困境。「飢渴」小姐說：「你是不是不愛我了，是不是外邊有認人了，是不是……」太多的是不是，有太多的「皮膚」被需要，Z先生無法回答，也無法做到更好。可是他也捨不得放下她，「飢渴」小姐是那麼的美麗動人，那麼的細膩婉轉，她也曾帶給他快樂、關懷……

有一段時間，Z先生愛上陶喆的歌〈一念之間〉，歌中唱道：「你是怎麼做到的給了她需要的愛，你是怎麼想像的關於你們的未來，如果我懷疑幸福不會一直存在，請告訴我該怎麼去得到愛」。Z先生處於困擾的難受狀態，他不知道該如何去面對、怎

02.「皮膚飢渴症」進行曲

麼去解決。

「飢渴」小姐依然一樣的飢渴，Z先生不在的時候，她會去享受按摩的神奇感覺，以滿足她皮膚的渴望。她甚至以哲理的方式整理出了結論：那樣的感覺就像是開啟了身與心對話的過程。為了體驗這種感覺，據說，「飢渴」小姐一天最多做了3次按摩，一年下來，竟然花費了數十萬元。

Z先生覺得不能任由「飢渴」小姐這樣花費下去，他決定分手。對於這樣的決定，「飢渴」小姐懷著愛與痛，還有眼淚，即使這樣，她依然控制不住自己的飢渴。

「飢渴」小姐的故事仍在繼續，我卻再也無從說起，人生路還很漫長，只願她一切安好。天色將暗，也許黑夜的來臨，又會有故事的延續或發生。

譬如，我所知道的「沃土」小姐，也有她的飢渴經歷。

「沃土」小姐坐在咖啡廳的時候，手指翻飛，指甲上塗抹了很深的藍色指甲油，眼神中透露出跳舞搖曳中的女孩所釋放的那種光芒。的確很吸引人，誘惑式的吸引。「沃土」小姐有這樣的本錢，雙腳穿著一雙橘黃色的高跟鞋，她白嫩的肌膚在燈光的映襯下，顯得晶瑩剔透。最重要的是她的一襲連衣短裙，這是她的風格，儘管咖啡廳裡還開著冷氣。

「沃土」小姐去過很多地方，她崇尚旅行。當然，去過很多地方，也會發生很多故事。她說她愛過很多人，也做過很多

第五輯　只是太愛，才有了昨天的結果

關於愛的事。大學的時候，她認識了比她大三歲的學長，這位學長高大威猛，那時候，她最盼望週末、暑假、寒假……畢業後，即使兩人天各一方，仍然保有聯絡，那時候，飛機成為她的主要旅行工具，這是她的第一任男友。第二任男友是一名建築師，當她被建築師以建築巧思的方式傳達愛意的時候，深深不能自拔。「沃土」小姐說，第二任比第一任更厲害，更愛她。第三任，就是現在這位，用她的話來說，這一位先生長得有點醜，但物質及其他方面絕對豐富。「沃土」小姐的閨密是一個要求不怎麼嚴格的人，信奉愛是第一，閨密在看了第三任的照片後，用了一個很貼切、委婉的句子來表達，她說：「你男朋友長得很阿富汗啊」！「沃土」小姐每次跟朋友說起這個比喻的時候，都會放聲大笑，然後哼唱「一唸成了佛，一唸成了魔」，她的神態每次都驚動四座。笑完後，她臉上竟然釋放出流光溢彩，一種幸福的愉悅感。

「你知道嗎」？「沃土」小姐說，「第一次見到他的時候，我以為自己會掉頭就走，但……我沒有，我們竟然有一見如故的感覺，他比我的第一任更高大、第二任更厲害，身材比例特別的好，肌膚跟阿富汗似的，你知道的，我是一片沃土嘛……」她說著，還咯咯地笑起來，聲音很甜美、充滿雌性的魅力。

「沃土」小姐在跟第三任親熱的時候，會叫他「阿富汗」先生，而對方也會更加「阿富汗」。這時候，武俠小說裡的一些描述詞語可以派上用場。譬如，臉頰緋紅、香汗淋漓。「沃土」小

02.「皮膚飢渴症」進行曲

姐說，對肌膚的飢渴在第三任那裡得到了最大的滿足。她的意思很明顯，前兩任都無法很好地滿足她皮膚的飢渴感，而她是一個皮膚飢渴症「患者」，絕不是濫情。

「沃土」小姐與「阿富汗」先生在一起，看起來沒有什麼理性根據，唯一能說明的是，兩人的在一起，其吸引力在於「患者」與「醫生」的「醫病」關係。但她卻不這麼認為，因為，每次在描述的時候，她都重點描述對方的技巧、力量、速度、持久、和諧。尤其在描述到和諧的時候，她神采飛揚。和諧，你知道嗎？這是最重要的，就像天與地，你能說是「醫病」關係嗎？

我有些啞口無言，對於這樣的辯解。

「沃土」小姐決定做個了斷，肯定地告訴自己不再與前兩任聯絡。她和「阿富汗」先生住在一起，並在一家金融公司上班，由於對皮膚的飢渴太強烈了，她總是著急著下班，搞得熱火朝天的。同事們都誇讚的說：「真是大忙人一個，太賢惠了……」

早上剛起來，「沃土」小姐會給「阿富汗」先生一個熱吻和擁抱以示告別。下班回到家裡的時候，她會把家裡收拾得乾乾淨淨，做上可口的飯菜。而且這些食物都是精挑細選的，有助於人體能量恢復的。週末的時候，她會去健身房健身，等待「阿富汗」先生開車來接她。這是很幸福的畫面。當然，在家裡的時候會更幸福、更性福。他們不停地愛著，似乎沒有更多的其他事情，這是屬於他們的世界，「沃土」小姐那片沃土在飢渴的狀態下需要極大的填滿。身邊的朋友對他們在一起並不看好，可是

第五輯　只是太愛，才有了昨天的結果

他們就真的很契合地在一起了。

所以，真的不要以嫉妒的心情去看待那些走在大街上牽著手卻很不搭的情侶。他們在一起，總是有吸引彼此的東西存在。

「沃土」小姐說，有一次去娛樂場所的時候，有幾個小混混想揩油，「阿富汗」先生一拳一個，打得對方哭爹喊娘，滿地找牙。我覺得，他是很愛我的，那麼的勇猛，完全可以滿足我的各項所需。

這樣說來，「沃土」小姐是幸福的，是幸運的。回頭再看看「飢渴」小姐，會讓人發現：都是那樣的需要滿足，皮膚的飢渴，「飢渴」小姐和Z先生走向了分手，「沃土」小姐卻與「阿富汗」先生很好地在一起。有時候，我在想，如果環境不那麼重要，事情還會那樣嗎？對「飢渴」小姐而言，她若是遇到「阿富汗」先生會不會更好一點？但是，這畢竟沒有發生，人的相遇不盡相同，可是，它們都在發生著。

有一天，善於思索的我們會察覺到：「皮膚飢渴症」進行曲，進行的不只是肌膚的飢渴，更是那份不安的、熾烈的心。這世上，有一些人，他們的確很飢渴，他們的感情的飢渴故事都與身體感官相依相伴，並在滿足與被滿足間輪迴演繹，並在上面殫精竭慮。當我們有幸聽到這樣的故事、這樣的滿足的聲音，不要以怪異的心態去看待。他們不過是彼此需要而已。

可是即便如此，大部分人依然保持這樣的觀點：皮膚飢渴症「患者」的熱度不減的時候，另外一方滿足能力下降，分手的

可能會極大。因為，他們不是建立在愛情的基礎上，而是建立在性愛的基礎上，當激情耗盡，就是分手的時間到了。

這或許是比較中肯的。但，他們忽略了時間的過程，忽略了時間會產生愛情。相比之下，那些表面看起來沒有皮膚飢渴症的人，他們做作地表達愛意遠遠比不上皮膚飢渴症「患者」的真實。因為，後者比前者來得坦然，來得熱烈。

「飢渴」小姐、「沃土」小姐沒有講愛情、沒有講愛與痛，沒有講落淚。她們只講滿足與不滿足，可是他們沒有講的那些，背後又有多少故事，我不得而知。

有一天，她們若願意告知，我想，我會寫出來的。至於「皮膚飢渴症」進行曲，還在繼續，還在進行。只想說，願那個愛他們的人，多一些關愛，多一些理解、包容，而不是逃離、責備。畢竟，他們之所以那樣飢渴，也是有原因的。譬如，家境、遭遇。

03. 遭遇「留不住」小姐

不要以愛的名義復出，又以不合適作為結束。遭遇「留不住」小姐，誰遭遇誰都留不住。

「留不住」小姐在一個月前遭遇了一場挫折，被前任的無情

第五輯　只是太愛，才有了昨天的結果

所傷，接下來的時間都過著瑟縮的生活。直到有一天，一次外出遇上一個人，她的生活和心緒發生了改變。

有一段時間，「留不住」小姐很喜歡看一部叫做《Love》的電影。喜歡的原因很簡單，這與她的邂逅有些相像。人們總是對與自己相似的東西抱有熱愛之情，在這份熱愛裡有屬於自己的過往、有自己的影子、還有一些期許。

在電影《Love》裡，名媛方柔伊既是富商陸平的情人，又與另一個富商馬克有著曖昧關係，但馬克無法給她承諾，這令方柔伊極為傷心。後來，方柔伊遭遇酒店服務生小寬，於是，兩人發生了一段感情……

電影《Love》吸引人的地方在於，一個被包養的方柔伊果敢地離開了讓自己衣食無憂的富商大叔，然後，愛上一個可愛的、平凡的服務生小寬，滿足了在經過浮沉過後，回歸平淡、純淨、真實的戀愛心理。這簡直可以看作是一個完美的戀愛結局。

愛情裡總有各式各樣稀奇的故事發生。做為感情動物，在經歷馬斯洛理論需求的第四個階段，即尊重需求後，會對自我實現的需求有著強烈的渴望。換句話說，我們，有感情需求的人，放置到愛裡，欲望裡，我們的要求是逐步上升的。這當然與我們的狀態不斷往上發展有關，按照馬斯洛理論的說法，此時自我實現的需求將成為我們選擇或決定的支撐點。

這就是為什麼一個人想要愛的時候，你在他眼裡就是最好

03. 遭遇「留不住」小姐

的、最重要的原因所在。反之,當他對愛感覺厭煩或者沒有達到所需的時候,你怎麼做都是錯。我常常聽到受到傷害的大好人痛苦地說:「她怎麼就不懂得珍惜呢?我對她是多麼的好啊!這到底是為什麼,沒有理由哇!」他們不明白這個理,心裡剩下的就是永遠無法接受這樣「殘酷」結局的憤懣不平。

「留不住」小姐是因為生活所逼才來到陌生城市的,隨後,她邂逅了一名大叔,談了一場戀愛,和廚房大叔在一起,她為自己正在經歷一場簡簡單單、可以實現純粹的戀愛而喜悅不已。可是在此之前,即是在她還沒認識廚房大叔之前,她和前任在一起的經歷,真是刻苦,也足夠刻骨的。只是,刻骨的愛情並不代表不會出現問題,相處依然會有欺騙、出軌、困擾、爭執……存在。「留不住」小姐在一次外出行程中,有了意外收穫;她在一家賓館門口撞見自己的男友正跟一名比她還性感女孩走在一起,並在賓館開了房。原本只是毫無目的的出門逛逛,卻無意地發現男友出軌的行蹤,沒想到巧合的事情就這麼在眼前發生。

對於當時的場面不需要多做什麼描述,電視劇裡、現實生活裡早已經精彩的展現過 N 次。男友的出軌、背叛給「留不住」小姐帶來了很大的傷害,這是她的初戀,她愛得那麼深、那麼真。那天過後,她愛上了酒吧,愛上了酒精味。她醉後,經常當眾落淚,並不停地數落男友的不是。可是連傻子都明白,她越是這樣去哭泣、數落對方,就越是對舊情念念不忘。「留不

第五輯 只是太愛,才有了昨天的結果

住」小姐最後還要辯解說:「無所謂了,都過去了」。說完,猛地將杯中紅酒一飲而盡,又是狂哭一場。

城市周邊地帶的音樂酒吧是「留不住」小姐常去的地方。那裡環境優雅,有三流的歌手長期駐唱,更重要的是可以觀到形形色色的人,從他們姿態各異的表情、著裝上,彷彿可以看到他們背後發生的故事,然後,如果敏銳一點,還可以找到相同的悲憫感。

「我喜歡這樣的感覺」。「留不住」小姐對姐妹們說。也就在這時候,一個傻傻的老實男人出現了。或許有些戲劇化,傻傻的老實男人是不是不應該來到這樣的場所?這樣的問題,根本不是問題,誰都可以找出千萬條理由加以贊同或駁斥。所以,這不是重點,重點是,這位傻傻的老實男人在「留不住」小姐感情空缺的地方撞了個正著。

有時候,會很快的喜歡上一個人,但很沒道理。離開一個人也很快,快到讓人摸不著頭緒。這位傻傻的老實男人就是廚房大叔,一位可以做出一道又一道美味佳餚的廚師。女人天生對美食有一種情懷、一種嗜好。這種情懷、嗜好有昇華、調整、緩和情緒的神奇作用。

有句話說,要想留住男人的心,就得先滿足他的胃。其實,女人也一樣的。

「留不住」小姐身邊的姐妹、朋友都在勸說她,要她考慮清楚與廚房大叔的感情,畢竟年齡、容貌都有較大差距。「留不

03. 遭遇「留不住」小姐

住」小姐固執地表達：無所謂啦！只要人老實就行，人好就行，這樣更有安全感。這的確也占了一個理，在「高富帥」大行其道的速食感情選擇主流氛圍下，「留不住」小姐這樣的選擇顯得格格不入。可是，人在自我需求的認知下，所做的選擇似乎更為重要。第三者應該對當事人少些譴責，多些尊重。可以說，「留不住」小姐那會兒明白自我的需求，她需要一份新的感情大餐。

廚房大叔一身熟稔的烹飪技巧和老實的男人姿態，在他憨態的外表下用心地呵護著「留不住」小姐，對她的感情空缺的地方細細地安撫，直到傷口徹底癒合。「留不住」小姐徹底心動了，就這樣，「留不住」小姐和廚房大叔戀愛了。一段時間後，兩人住在一起了。廚房大叔驚喜不已，「留不住」小姐實在太漂亮、實在太性感啦！高高的大胸脯、細細的腰肢、性感的臀部、精緻的長白腿。身材外表比較下，他一樣優勢都沒有，但他勝在人個性好、人很老實、還有一手好廚藝。廚房大叔做夢都不敢相信，世間尤物此刻就和他在一起。如果說，什麼是幸福、什麼是滿足，對他來說，眼前就是。

就這樣，在廚房大叔的精心呵護下，「留不住」小姐更加嫵媚動人、亮麗耀眼，彷彿脫胎換骨一般。水仙花、芙蓉花⋯⋯一切可以形容水靈、美麗的花朵全都適合「留不住」小姐的千姿百態、婀娜多姿、美麗動人。

「留不住」小姐的重獲新生讓身邊的姐妹、朋友看到了幸福的真諦，都衷心祝福她。可是突然有一天，「留不住」小姐卻說

第五輯　只是太愛，才有了昨天的結果

要分手了。此言一出，語驚四座，大有空中傳來一聲炸雷一樣的突兀感。

這怎麼可能？怎麼會這樣？為什麼了呢？這樣做是不是太……

有好多疑問需要解答和說明。但「留不住」小姐卻只用了一句話就給出了答案：我們不適合！

「不適合」？

「是的，不適合」。這句話太有說服力了，是戀人分手時最好的措辭。你根本找不出很好的理由來辯駁。所以，我們得承認一個事實：在此時此刻，你曾經愛的那個人不再適合您了！因為，您最大，您有決定權，您的需求莫過於天高。

在「留不住」小姐離開廚房大叔後，廚房大叔憤恨鬱悶、傷心欲絕，他說，真是一位「留不住」小姐啊！怎麼也留不住，唉……

可是廚房大叔不知道，問題的癥結不在於留不住，而是無法滿足。廚房大叔原先的好，激發了「留不住」小姐的重生，她從廚房大叔那裡獲取的能量是喚醒自信的水晶球。可嘆的是，廚房大叔還那麼真誠地雙手奉上。「留不住」小姐在那一刻明白：重生後的她如同破繭而出，對更好的嚮往和追求是如此的迫不及待。根據馬斯洛理論，在我們經歷自我實現的需求後，會朝更高的階段出發，這就是馬斯洛在晚期時提出的超自我實現理論。簡單來說，當一個人的心理狀態得到了充分的滿足，即獲得了自我實現的需求時，會出現蛻變新生的超越感。這樣的感

覺，只有在完成一件事情時，才能深刻體驗到。

於是，「留不住」小姐意氣風發地向著下一階段出發。她穿著廚房大叔買給她的名牌大衣，拎著廚房大叔買給她的精品提包，戴著廚房大叔買給她的金項鍊，那婀娜的身姿、高聳的胸脯、挺翹的臀部，還有那走起路來咯噔咯噔的腳步聲，廚房大叔如同瞬間被雷擊，他徹底暈乎了：這怎麼可能呢？這怎麼可能呢……他就這麼唸唸叨叨著呢喃自語。

可，我們該去責罵「留不住」小姐嗎？也許沒有答案，愛與恨有時候說不清，只能說我們心中有難以割捨的東西。這些東西會促使我們產生負面情緒。但對「留不住」小姐而言，我真的很想說一句：還是正經地談一場戀愛吧！別帶著心病在下一個階段裡繼續輪迴。更別忘了，不要以愛的名義復出，又以不合適做為結束。

最後，特別強調一下：遭遇「留不住」小姐，誰遭遇誰都留不住。

04. 只是太愛了

只是太愛了，太愛的時候最熱烈、最痴迷、最執著，我們很難自拔。

第五輯　只是太愛，才有了昨天的結果

　　只是太愛了，才有了現在的結果。這樣的結果呈現兩極化，正如我們來到一座城市，走過不同的路，有了不同的結果。這絕不是矯情，而是當我們對一些事過於「愛」，會將我們引導至危險的境地，或者說導向失控的局面。

　　這就是說，當我們被某種東西強烈地吸引住時，就會喪失抵抗力。譬如，麻將。

　　我曾經住在一個十分蕭條的地方，蕭條到這裡的菜市場真的是名副其實的菜市場，只有買菜的沒有賣肉的，而且這些菜一看就知道是前一天趁著夜色，批發回來的「剩菜」，到第二天早上搖身一變，整裝後再次上市。就是這樣一個蕭條的地方，每天也熱鬧非凡，充斥著各種聲音：「八筒」!、「等等！碰」!、「胡了」!、「啊！救命啊」!……

　　在這個區域，賣菜的攤位只有兩個，加起來不過十來坪，可是麻將館就有五家，每個麻將館提供的桌子不下十張，可見大夥對麻將的青睞。

　　每天天還沒亮，就有一些偽裝晨練的人從裡面出來，事實上他們剛剛下桌，一路吆喝著小跑起來，不知情的人還以為他們是在健身呢。到了晚上，他們對此「專案活動」的執著跟馬路兩邊的路燈差不多，兢兢業業一直到路燈在晨曦中熄滅。

　　一般來說，牌桌上的女性大多美麗，太醜的女人是不會有人出錢讓他們去打麻將的。這樣的女人對於那些在牌桌上的邋遢漢子們有著致命的吸引力，於是紛紛獻殷勤，因此爭風吃醋

> 04. 只是太愛了

的打架鬥毆事件不會比因打錯牌而發生的衝突少。等到女人輸錢負債而又不好意思回頭去要的時候,這群人的機會就來了。

牌桌上的悲劇數不勝數,我就見過不少。他們大多都是因為太愛了,然後成了癮。

M小姐是一位全職太太,就是一天到晚都不用擔心這、擔心那的,極度無聊的那一類人。在朋友的介紹下,她懷著好奇的心情接觸到了麻將,一時間覺得自己的人生開啟了第二春。

剛開始十塊、二十塊,輸贏都不大,就圖個消磨時間。但是,牌桌上每一個說起話來冠冕堂皇的人,其實背地裡都心懷鬼胎;這就是為什麼很多人不想成為壞人卻成了壞人,因為有壞人在他們背後「孜孜不倦」地引誘。

慢慢地,M小姐開始打五十塊、一百塊⋯⋯越來越大,有時候輸得急了,一時衝動就會去借高利貸。沒多久,她發現自己欠的債務,連本帶利一起已經超出了自己能夠承受的範圍,甚至這對她的先生來說都是難以承擔的。

這筆錢,她不能從家裡拿,也不能告訴先生。但是,借貸的人步步緊逼,早有預謀的他們提出了一個解決的方案——那就是用M小姐做為一個女人的原始資本來償還。M小姐被逼著答應,並且暗自下定決心從此要金盆洗手了。

萬萬沒想到,這群禽獸拍下了不雅的照片,並且得寸進尺地要求M小姐,來坐檯償還欠下的債務。這還不是最讓人可怕的,最可怕的是M小姐內心竟然還存有強烈的翻身欲望,奢求

第五輯　只是太愛，才有了昨天的結果

著有一天自己牌技達到高超的地步，來一個徹底的大翻身。很多人會覺得這不可思議，就如此時此刻，我其實很難想明白 M 小姐內心的所念所想一樣。因為，在事情發生之後，她依然每天都去打麻將，就像一個染上毒品的人，只有在牌桌上才能尋得片刻安寧。加上那幾個禽獸給她的壓力，她把牌桌當成了一個籠子，認為只有在籠子裡才能避免世間紛擾，傷害到自己。漸漸地，她把自己和麻將綁在一起了，疏遠了一切，包括她的家人。

這讓她的家人發現了異樣，她的先生透過「技術手段」，查看了她全部的聊天紀錄和電話簡訊紀錄，慢慢地了解了事情的真相。

M 小姐的事彷彿是一部悲情的電視劇。但有時候，電視劇的內容就是活生生的現實。我們如今可以窺探這個故事的原因是，她先生在酒後吐真言的過程中告訴了某人，然後，某人又以「一個朋友的問題女人的故事」加以流傳。但是，誰見過有人在說別人的故事的時候，一度聲音顫抖失控，近乎哽咽。在他說到一半的時候，稍加理性分析的人就會打斷他，並毫不猶豫地揭穿了他。這樣一來，他只能坦誠地承認，並且詢問對方該怎麼辦。

怎麼辦呢？我能怎麼辦？我想，很多人的第一反應就是找到那群衣冠禽獸，然後，狠狠地揍他們一頓，告訴他們永遠別再來了。但是，世界上的壞人之所以現在還是壞人，不是沒有

> 04. 只是太愛了

人去阻止教導他們，而是他們屢教不改。在 M 小姐之前，那群人也做過這樣的事情，也一定有人揍過他們。其實，不管我們如何制裁他們，這樣的社會現實是永遠不會消失的。

這樣是沒用的，就好比遇到一個癮君子，哪怕你不要命的跑去一槍把毒販打死了，癮君子還是癮君子。最後，左右思量，還是決定永遠離開這裡，開始新的生活，雖然前者對於 M 小姐並無實質的幫助，但至少可以在某種程度上防止更多的人受害。

我至今覺得這樣的故事比電視劇更真實。當然，不管這樣的故事是否脫離了生活依據，但我願意去相信它，偌大的世界，總有很多我們不願意相信的事情會發生。而故事的療癒力量是不可忽視的，一個又一個可以讓人獲得重生的力量，因為，它們都是過去的事，裡面有過來人的歡樂、糗事、挫折、頹廢……

我至今想起這個蕭條的區域，腦海裡會浮現出一個畫面：樓下的菜市場依然只賣菜不賣肉，賣的菜依然是其他市場賣剩下的，但這樣一個蕭條的地方依然熱鬧非凡。有人碰，有人槓，有人相公，有人胡牌，有人輸，有人贏，大家都在一絲不苟地打牌，打著打著又要打起來了，只是，不知道今天週末附近的小診所有沒有開門。

M 小姐的故事結束了，但誰能保證沒有像她那樣的故事繼續發生。願一切安好，歲月安好吧！其實，我們只是太愛了，

第五輯　只是太愛，才有了昨天的結果

　　Just too much love，就像我們念念不忘一段情，難捨一些人一樣。尤其是在熱戀之中；或是對某些無法割捨的事、人產生強烈的依賴感、痴迷感⋯⋯如果此刻要用一個詞語來完美展示「只是太愛了」，我覺得「葉公好龍」最為恰當。或許有人會說，這是一個不恰當的「展示」。因為，按照詞語解釋，葉公好龍是比喻那些表面上喜歡某種事物，其實並不是真的喜歡。但在我看來，這應是某一角度的解釋，另一角度的解釋，我們可以理解為偏執的喜愛某種事物。在這一解釋裡，「偏執」一詞值得深究，包含了「只是太愛了」的含意在裡面。那，葉公就是「太愛龍了」，M 小姐也屬於「葉公」式的人物，只不過她是被朋友「引入」的前提下，而「太愛麻將了」。其實，我們太愛的東西，不是要我們拋棄，而是要有理智，有思考地去對待，才不會中了某些別有用心之人的「招」。古語有「投其所好」一說，這裡面同樣包含有太多的「招式」。在現代社會的處世與生存哲學裡，「投其」、「所好」，一方面是帶有目的性，一方面是發現「所好」的東西到底是什麼，「所好」到什麼程度。但我想，這「程度」絕對不低。Just too much love，只是太愛了，才著了魔。這讓我想起朱莉亞・羅伯茲拍的一部電影，名字記不清楚了，依稀記得有很多人都像朱莉亞一樣，與新歡持續熱戀，他們被衝昏的頭腦，純粹愛情主義者，不過是「只是太愛了」的典型表現者。所以，朱莉亞會義無反顧地一次次收拾行囊，拉著行李箱，不告而別地或者在男人家的門口擁抱告別、另尋新的慰藉。當然，

故事結局是美好的,朱莉亞在清醒後回歸了。但,我們可否做一次假設,如果是將這部文藝片改編成恐怖片呢?不可想像!朱莉亞會遭遇什麼樣的危險?

在我們變得「只是太愛了」的時候,在感情中,我們變得不停地追逐愛帶來的快感,可是快感很短,太愛的時候最熱烈、最痴迷、最執著,我們很難自拔。這時候,作為人的本能是什麼呢?是要將那表面的假象戳破,唯有戳破之後,我們才會變得更加睿智、清醒、從容,甚至是在發生危險的時刻懸崖勒馬——亡羊補牢,猶未晚矣。

那,何不在我們想清楚這些的時候,再下手,有理智地去愛。

或許這回,會更美好!

05. 想見最好還是別見

我相信想見一定是有了好感,但我不相信見了就能繼續鍾情。

有時候,感覺會騙我們,最想見的人一定就是最愛的那個。於是,我們就拚命地想見。然後,一些問題就如火山似的爆發了。

第五輯　只是太愛，才有了昨天的結果

　　我是一名雙面人，但僅僅是對待網路這部分。這絕不是自我抹黑，而是我對網路又愛又恨。愛得是網路的先進、發達、便利……恨的是網路的誘惑、陷阱、虛空……

　　面對這樣的局面，我只能理智的讓自己成為一名雙面人。想見最好還是別見，這個話題很值得我們去探討。其實，網路上就如同「此岸」與「彼岸」的雙面性。你在此岸，他在彼岸，而聯繫竟然是如此的方便、快捷。這當然要感謝網路，讓那些有「想見之人」的人有了數不盡的機會。

　　本來緣分一詞是十分美好的詞彙，但到了網路上，卻被人濫用過度。我以為，緣分一詞絕對不屬於那些用來給自己與另一人找親近關聯的，別有用心之人。他們不配擁有這樣的詞彙。這樣的詞彙一旦到了他們那裡，簡直就是慾望、耍賤的代名詞。

　　我越來越難以相信有所謂的一見鍾情。偏偏那些打著緣分旗號混跡在網路裡招搖行騙的爛人大行其道。很多人會對此提出反對意見，認為不管是在現實中，還是網路上，不也有因為一見鍾情而成功發展的案例嗎？從機率學上來講，這比例恐怕很低吧！當然，也有人會拿出傑克和露絲的例子來，說他們在船上一見鍾情了，並且還成為一段經典。

　　這樣的案例似乎挺有說服力的，但傑克不過是一個符號而已，他恰當及時、風流倜儻、桀驁不羈地出現在露絲面前，正巧，露絲看她的未婚夫一點都不順眼，覺得他俗不可耐。問題

> 05. 想見最好還是別見

終於到關鍵了，你討厭一個人的時候，對方沒有絲毫優點；而這時候，那個一見鍾情的訊號出現了，那個「傑克」就這麼輕鬆地走進露絲心裡。這是多麼完美、生動的詮釋一見鍾情的真諦。

但是，我們常常受到了感覺的欺騙，如開頭所述。這樣的感覺也常常會否定一個人最有力的支撐。在露絲的母親極力崇尚的上流生活中，露絲可以算得上衣食無憂了，於是她可以有多餘的感情精力去期待，這時候，一艘名為鐵達尼號的郵輪啟動了，傑克，一個落魄的畫家，他也登上了這艘船。而這時候，露絲正好需要這樣的人。好吧！一見鍾情發生了，一個叫做緣分的詞彙可以落實在這個故事了。這個故事，挺老，挺經典，當我們回過頭再去看的時候，我也曾為自己的一些觀點感到困擾。

的確是這樣，一見鍾情屬於想見最好還是別見的人呢？如果已經見了，還是說再見吧！傑克和露絲的最後不也再也見不了了嗎？還是說說感覺這事吧！它更符合「想見最好還是別見」這個話題。在我們最需要一些誘惑、一些愛、某些人的時刻，感覺會告訴我們此時的選擇是對的。所以，我們會想方設法地尋求各種途徑：Line、臉書、IG、YouTube、娛樂場所、交友APP、外出旅行……

這時候，新出現在你面前的人、聲音、畫面在你感覺的指引下顯得是多麼的吻合、多麼的和諧、多麼的曼妙，然後，你會不住地去想──

第五輯　只是太愛，才有了昨天的結果

為什麼我們有那麼多的共同點？

為什麼我們會擦肩而過？

為什麼你的聲音會成為世界上最好的聲音？

為什麼我們同出現在咖啡廳？

（PS：其實，人家只是去喝咖啡而已，沒有那麼多為什麼）。

為什麼我們會搭同一路公車或捷運？

（PS：其實，這是大多數人出行的交通工具，沒有那麼多為什麼）。

……

為什麼，為什麼，好多的為什麼全為感覺而設定，全為緣分而鋪陳。

—— 可是我們為什麼有那麼多的相似之處呢？那是因為我們本來就很相像，就像餓了都要吃東西一樣，就像夏天來了很多人都要吃冰淇淋、都要穿裙子、短褲、涼鞋…….一樣。

—— 為什麼我們擦肩而過，那是因為人流量大，沒辦法啊！

—— 為什麼你的聲音會那麼的好聽，因為誘惑在那裡，也因為你討厭、不滿足現在身邊的那個人，你急於尋求刺激、出軌的感覺讓你產生了美妙的傾聽感。

好了，其實要回答那麼多為什麼，真的會很累。因為，很多事情本來就沒有為什麼。可是依舊還有人要問為什麼就我遇

05. 想見最好還是別見

到了他或她，而不是別人呢？是的，不就是因為別人長得沒有像你一樣有眼緣嘛！

PS：有調查表明：長順眼之人，緣分發生的機率會更高。

想見最好還是別見，緣分與相見，一旦東窗事發，後果不堪設想。「不滿足」先生已經老大不小了，長得還算人模人樣，可是他的感覺告訴自己，家裡面的那位太不適合他了，之所以有這樣的感覺，是經過長時間的「殘酷」洗禮造成的。譬如，家裡的那位不拘小節、不夠細心、不夠溫柔，最重要的是把錢管得緊，還經常回娘家。

「不滿足」先生在有一天安裝了臉書手機版，然後，他不停地點選加朋友，點選出了緣分，找到了一見鍾情，他感覺對方有最好的容顏、最美的聲音……幾次對話，感覺越來越對味。這一切的過程都是在祕密地進行，「不滿足」先生的太太並不知道。

「不滿足」先生暗自狂喜，憑著這樣的感覺，愈發覺得自己的第二春就要來臨。於是，他以為那個一見鍾情地她就是自己「想見的那個人」。

PS：當然，那個她也一定這麼認為。

事情繼續發展，「不滿足」先生終於見到一見鍾情的那個她──「月亮」小姐。

出發前，「不滿足」先生感覺「月亮」小姐就像明月一樣美

第五輯　只是太愛，才有了昨天的結果

麗，潔白、文靜。「不滿足」先生和她相約見面是在一個週末。那天，他準備好了充足的理由，悄悄地如女人般梳妝打扮一番，然後溜出了門，坐上計程車，在車上點了支菸，哼著「今個兒真高興」之類的歌。司機見狀，隨意地問了一句：「大哥，遇到什麼好事啦！瞧給你樂得⋯⋯」「不滿足」先生應聲道：「沒什麼，就是週末了，出去放鬆一下」。

其實，「不滿足」先生後面的話沒有說出來，他那「一見鍾情」、「想要見的人」就快出現了，他要保持一見鍾情的感覺去見「月亮」小姐。可是他做夢也沒有想到，還有一種感情叫做「見光死」，它往往披著一見鍾情的外殼。這時候，曾被我們極力美化的那部分感覺將迅速消退。因為，在「見光」的那一刻，那個他或者她變成一個具體的人，其本來面目將一覽無遺。

「不滿足」先生見到「月亮」小姐的那一瞬間，他驚呆了，如果夥伴們在場，我想，他們都會驚呆的。當初一見鍾情的「月亮」小姐反差也太大了，沒有那麼美麗、潔白、文靜，她長相很一般，潔白也是作假，而在臉書中所見的她，都是美圖秀秀的功勞，她把自己PS得太完美了。這還不是最讓人困擾的，最困擾的是她一點也不文靜，抽著菸，滿嘴粗話。「不滿足」先生不滿足了，失望了，他一見鍾情的感覺如同被扔進冰窖，他打了個寒顫：我自己也算一表人才啊！怎麼會這樣啊！但是，既然都見面了，那總得聊幾句。這時候，「月亮」小姐大訴衷腸，內容都是她怎麼的不好、不快樂、需要慰藉之類的話語。那接下

05. 想見最好還是別見

來的事情該怎麼辦？如果繼續，就需要提供慰藉，錢財、精神之類的。

還是算了吧！可是心又不捨。也就在這當下，意外發生了。「不滿足」先生他太太的閨蜜無意中發現了「不滿足」先生與「月亮」小姐相見。那接下來的事就麻煩了，還是直接說後果吧！「不滿足」先生的日子會比較難過，儘管他為自己提供了千萬條合情合理的解釋理由，但他的太太依然會對他更苛刻，以示懲罰。

「不滿足」先生的故事還算是比較圓滿的解決了，但另一位叫做「無悔」先生的男人卻沒有那麼幸運，他的故事和「不滿足」先生開始的時候差不多，只不過他一見鍾情的那位長得還真不錯，他也沒有遭遇見光死的狀況。但令他絕望的是，在他和「蝴蝶」妹妹的接觸中，逐漸發現與對方的差別，然後在交往的過程中，這些差別越來越明顯。這就是第一直覺的不可靠，這就是想見最好還是別見的最好證明。就像騙我們很相似的美好、很熟悉的感覺一樣，我們都賦予一見鍾情太多美好的期待，以至於會出現跌破眼鏡的局面。

我聽說過特別「跌鏡」的故事，說的是一個十多歲的男孩，對異性充滿了好奇和熱愛，也對一見鍾情特別的嚮往。這些美好的感覺都是他從網路小說、粗製濫造的電視劇中獲得。他拼了命想要的感覺終於在熬更守夜中得到了回報，他在網路上認識了一個叫「天使」姐姐的水靈女人。於是，他不辭辛勞地從這

第五輯　只是太愛，才有了昨天的結果

座城市飛到另一座城市，卻發現「天使」姐姐是一位上了年紀的大媽。這位大媽也真夠天使的，網路名稱也太文青了，她都可以當這男孩的奶奶了吧！真是無下限啊！

其實，我們往往想見的那個人一般都不真實。這當中即使有可靠的，也是極少的。何況，這也是一種極為危險的行為。因為，你將背負對家庭的不負責，婚姻感情中的不忠貞，甚至還有社會倫理問題。這絕不是有意要拉高到道德層次，而是那些你想見的人，他們的身分、他們的世界、他們的動機……真的很難說清楚。而你一旦付諸行動，就有可能會發生如火山爆發的結果。譬如，家裡突然硝煙彌漫、戰火飛揚。大街上原配與小三爭吵、互毆打架……

想見最好還是別見，這太重要了。我相信想見一定是有了好感，但我不相信見了面就能繼續鍾情。或許，這只是我們躁動、不滿的心在唆使你放棄安穩，你不是真的在「鍾情於感情」，而那些打著一見鍾情旗號的人們，不過是尋求刺激、貪圖便宜、破壞和諧的渣男渣女罷了。

那，還是別再見了吧！即便是有成功案例，機率也太小了。還不如珍惜眼前的那一位，好好戀愛、好好生活。

PS：想見中所有的理由都是理由，所有的好感都是好感。還是別見了，卻只有一個理由，你不是我的菜。這樣去想，內心會安穩許多。

06. 印象派愛情片段

　　明明只是暮然間的印象，卻讓人狂熱地去愛上一個人。那僅是你的感覺，僅僅停留在印象上。你也從未真正靠進她，從未明白她的內心世界。

　　這樣的故事告訴我們，你根本無法想像世上竟有不少人的愛情觀僅僅停留在印象上面，而他們的愛情就如同一個片段，即興，短暫，卻難忘。

　　大約在十年前，我從一位長者那裡，聽說了一個關於印象派愛情的故事。當時的我，覺得很不可思議，一個男人僅僅是見了一個女人一眼，怎麼就會有愛的感覺。後來的我，思考著當時的他們算是愛情嗎？也許，這就是愛吧！莫名的愛，印象派的，苦苦的。現在回想起來，猶如一個人坐在籐椅上，目光注視在莫內的「印象畫」中。

　　所以，我還記得 —— 那是古色古香的庭院。柘藤蔓延，纏滿褪色的薔薇。

　　一個年輕尼姑正在打座。她敲著木魚，那木魚聲和諧平靜，「印象」先生慢步前行時碰倒了一尊小像，一時間茫然驚措起來，「對……不起，我……對佛是從心裡充滿敬意的」。「印象」先生彎下了腰，準備拾起地上的佛像。一個聲音卻傳到了他耳畔：「施主，由此看來，你與佛無緣，還是請回吧」！那是妙賢法師。

第五輯　只是太愛，才有了昨天的結果

　　年輕的尼姑始終沒有說一句話，依然敲打著木魚。「印象」先生抬頭望著她，突然間，發現她是如此美麗。燭光下，晶瑩的眼睛似皓月星辰，白皙嬌小的臉龐如出水芙蓉，一張櫻桃小嘴緊閉，微微顫動著。也許是那楚楚動人的神態，抑或是那緊閉香唇的剛毅，使「印象」先生的內心禁不住悸動起來。多麼絕美的女子啊，為什麼要遁入空門呢？

　　她見「印象」先生痴痴地看著她，連忙低下頭，持續敲打木魚。

　　「印象」先生感覺到那木魚聲似乎帶了一絲浮動。

　　「施主，還是請回吧」！妙賢法師又道。

　　「印象」先生尷尬地站起身，「難道我真的與佛無緣嗎，那……她呢，她的世界又怎樣，她為什麼來到這裡……」「印象」先生心中充滿了迷惑與疑問。

　　「施主，佛渡有緣人，怎堪入空門，請回吧」！

　　「也許是吧」！「印象」先生嘆息一聲。臨行時，他望了正在敲木魚的年輕尼姑一眼，只見她依舊低著頭，似乎根本不在乎他的離去。

　　出了殿，「印象」先生對妙賢法師道：「大師能否告訴我禪房裡那位年輕尼姑叫什麼，法號是什麼」？

　　「阿彌陀佛，出家人四大皆空，施主何必在乎他人名氏呢」？

　　「懇請大師告知」。

06. 印象派愛情片段

「唉！」妙賢法師嘆了一聲，「紅塵堪易破，誰歸入空門，施主，那小尼姑法號靜心」。

「靜心，難道她真的靜心嗎」？「印象」先生心想。

此時，天色已晚，要下山恐怕得摸黑。「印象」先生懇求妙賢法師讓他在庵內住上一宿，明早便離去。

今夜，星光燦爛。在長龕供桌旁，靜心正閉目敲著木魚，捻著佛珠，口中唸唸有詞。「印象」先生站在對面，靜靜地注視著她。此刻的她在「印象」先生眼中似乎成了一尊聖潔無瑕的玉雕。正當「印象」先生思緒翩然的時候，木魚聲倏地停止了。

「印象」先生忍耐不住了，努力用最動人心弦的措辭和她攀談起來。驚訝她竟是如此有涵養的女子。可是，越是和她交談下去，「印象」先生就越發現自己今生今世不能沒有她。

「你為何要削髮為尼呢？是看破紅塵嗎」？「印象」先生禁不住問道。

靜心立即收斂了笑容，長長的睫毛垂了下來。顯然，「印象」先生觸痛了她的心。他開始後悔自己的唐突。然而，這時的「印象」先生還是迫切的想知道。

「靜心，你還年輕，為什麼要把自己淹沒於青燈古佛中呢？難道你真的甘願讓無情的歲月奪去你美麗的容顏，然後歸於塵土？我知道，你是迫於無奈，在逃避是不是」？靜心垂下了頭。

「印象」先生激動起來，「靜心，難道世間紅塵真的讓你心灰

第五輯　只是太愛，才有了昨天的結果

意冷？難道你對背負世間感情的債如此心痛欲絕？你為什麼不大膽地面對？我知道，我也曾和你一樣，我原本想出家為僧，可是，妙賢法師一語讓我明白了許多，我不是世間最苦的人」。「印象」先生激動地抓住了她柔軟的雙手。

她的手在顫抖。

「靜心，有什麼傷痛說出來好嗎？也許……也許我能替你分擔」。

靜心緩緩地閉上了雙眼，身子顫動了一下。

「靜心，別這樣，看到你這個樣子，我真的好難過」。「印象」先生輕輕地說道。

她猛地抽回了手，說「阿彌陀佛，施主，出家人六根皆靜，請自重吧」！轉身匆匆離去，留下發呆的他。

「印象」先生愛上了一個尼姑。但感情是一個沒有緣由的東西，他堅信靜心是出於無奈，她肯定和「印象」先生這個苦行人有相同的感受。「印象」先生對她的思念與日俱增。為此，他幾乎天天都來尼姑庵參拜，想以自己對她的一片痴心與真誠來打動她，可是……

「靜心，難道我們真的相隔如此遙遠嗎？我不信，真的不信」！「印象」先生難以抑制內心的激動，「求求你睜開眼，看我一眼好嗎」？

她緩緩地睜開了眼睛，美麗的雙眸閃動著晶瑩的淚光，一

06. 印象派愛情片段

行淚水從她的眼角流下。「苦命人，別逼我好嗎？我是佛門中人，和你有緣無分」。

「印象」先生耳邊響起一聲緊似一聲的木魚聲，帶著無限的惆悵與傷痛，拖著沉重的步伐，他一步一步地走出了尼姑庵。

兩年過去了，「印象」先生行走在茫茫人海裡，為生活打拚，曾為她寫下一首名為〈印象派愛情〉的詩：飄逝的昨日，殘缺的夢，鐫刻下，冰雪美人滴下一行淚。從感覺愛慕的那一刻，到忍痛離別，早已注定人世的輪迴，愛——不過是與自己的感覺抗爭。

「印象」先生曾對人說，有一種愛情真的很奇怪，明明只是暮然間的印象，卻讓人狂熱地去愛上一個人。長者們說，這就是愛的感覺啊！但你的感覺，也僅僅停留在印象上。你從未真正走進過她，從未明白她的內心世界。

我聽到上面這個故事的時候，是在我 20 出頭的年紀，那時候年少，未曾有過太多的感悟。可是我隱約中有意識到哀涼的感覺，那種淡淡的哀涼、淡淡的印象。

回憶是印象的告白，你可以依稀記起當年的印象之情，我們在那時候，誤以為這就是愛情。回憶是感覺的片段組合，它們會形成一副畫，一首詩……

就像曾經的我，那時候獨居一處，行走在文字的海洋，在春天外出消散孤獨、寂寞。卻發現原來在春天，有印象愛情的

第五輯　只是太愛，才有了昨天的結果

萌發，但那時候未形成具體的印象，只能靠「印象派」文字來加以展現。

三月，在風的帷幕中，我們歡愉的行走，每一處的風景都是我們駐足的凝望。看著兩指間滑落的煙塵，風一吹就散了，伊人回眸的一笑，停留在醉人的風中。只是我們一路走來，似乎走過了四季，春夏秋冬卻不再是季節；因為心情是快樂的港灣，在夢的轉彎處，浪漫花叢中的她早已把美麗描述得如此動人，微風吹過，花香的餘味散落在我們每次的吸吐之間。輕拂絲絲秀髮，將風景刻劃在記憶深處，擔心倘若一夢醒來，怕已近千年。

歲月在我們的腳下飛走，山澗的溪水聲在靜靜的流淌，她嫣然的一笑，在我平靜的心裡泛起了漣漪，我還未描述，情卻在飄落的桃花中刻下我夢想的追逐，語言是此刻的表達，花瓣的顏色是白色與紅色的融合。聆聽伊人在低語中訴說寂寞夜晚所做飛翔的夢，我的心也為之動容。

一夜的思緒抵不過我們同行的時光，我多渴望這一切不要飛走，讓她在我的一生如影隨行，與落葉相比，流水是無情的嗎？如是這般，那蘆花般的思緒早在風中消逝，情又何堪？

此時，我在我一個人的屋裡，思唸著她的容顏，閃爍的燭光中舞動我孤獨的筆墨，我很想知道，在我孤單的時刻，美麗的她是否也有著與我相同的牽掛思念。

桃花如韻，詩歌如畫，醉人的花香是大自然給予我們的恩賜。而與伊同行則是相遇給我們的回報。我在一片驚異中看到

> 06. 印象派愛情片段

她紅色的身影在繽紛的飛舞，那一刻，我沉醉了，燦爛若璣，纖影飄搖處，留下一抹紅。夢是火花的呢喃，一言難盡是我心靈深處感情的代名詞。紅色的裙襬在舞動中，溢滿了我此刻悸動的雙眼。看小橋流水，觀參天古樹，聽天地鳴唱，臨近一青石旁，你說我們可以休息一下的，靜靜的體會這大自然的寧靜，都市的喧囂曾是我們疲憊心靈的陰霾。你輕輕的一轉身，然後彎腰伸手觸控清澈見底的溪水，水面擴散的水紋倒影出我們美麗的臉龐。此情此景，我很想知道，在你凝望的那一刻，是否已將我的模樣記住。

相視一笑，心情留在了醉春風。此時此刻叫我怎肯遺忘。

我們到達一個地方，是在山脈的深處，尋訪者不遇儼然是古人的惆悵，桃花花期已過，卻是典藏的惘然。春天的美麗，桃之夭夭，夏日的熱情步步臨近。來時的路在我們腳下留下行走的烙印，倘若東南西北風吹過的是我們不同的臉孔，那薔薇花的情節是你伸手欲摘的意念嗎？

此刻，我在駐足，而你在細聞薔薇的香味。下山的路並不漫長，我的感情與思緒卻在你的一笑一顰中蔓延，我多希望這一切是我們的同心，我們的愛從此不再遠走。在佛語中心與愛是相承的，它超越了世俗的詆判，也超越了我對你的心意。所以現在我已發現自己不能忘記你。

再次看到你不再是思念，代替的是欣喜與幸福。我在喧囂的城市品味世間的冷暖，世界再大，我的心不變，對你的依賴

第五輯　只是太愛，才有了昨天的結果

是我渴求呵護的企盼。習慣獨立的我在堅強與脆弱間徘徊，我知道你溫暖的港灣是對我的珍愛。

我曾和伊人同行，現在我們已經分隔在兩端，一端是思念，一端是記憶。與其之手，與吾之手總在一起。但願我已留在你的心裡。

寫下此篇時，覺得印象就是那麼的美妙，或許是一廂情願，但正如午後兩點的太陽一樣，你會在特定的時刻、特定的情緒中，感覺到「印象派愛情片段」是那麼的直接、刺眼。有一段時間，我特別喜歡聽鄧麗君的〈小城故事〉，歌中唱著：「小城故事多充滿喜和樂，若是你到小城來收穫特別多，看似一幅畫聽像一首歌，唱一唱說一說，小城故事真不錯……」

這樣，真的很容易讓人無限感嘆，酌一杯小酒，聽著音樂，印象派愛情片段開始浮現。而你，會是其中的一個嗎？

07. 想念卻不能見的人

想念卻不能見的人，情在心裡深處埋藏多年，而文字早已成為永恆的記憶。

「想念」小姐停更兩年的臉書留言突然更新，上面寫著，「你已經下定決心要與他說再見，無奈的是，他那麼執著地住在你

07. 想念卻不能見的人

的心裡,當某一段音樂響起,某一個場景重現,某一個季節交疊,他就會出現,攜帶著你們共同擁有的時光,讓你感到一陣深不可測的刺痛」。

「想念」小姐的臉書留言上一次更新是在兩年以前,那時候她剛失戀,然後認識了W,W是個博士,溫文儒雅,給予了她很大的耐心和關心,讓她慢慢地建立了新的信心,像每一個老套的故事,他們熱戀了,熱戀的情節都大同小異,在「想念」小姐的心中,W就是男神。朋友聚會,「想念」小姐會經意或者不經意提到W,提到每一個並不重要的細節,W的每一句話,「想念」小姐都記得。那時候,「想念」小姐把臉書簽名改為了:感謝生命中有你,只想一生跟你走。

也像每一個老套的愛情故事,W正處於事業打拚階段,兩人為了未來在同一個城市打拚,每週固定一到兩次的見面,漸漸地,兩人之間越來越平淡,連見面也似乎僅僅只是成為了一種習慣。朋友聚會,「想念」小姐提起W的次數,越來越少,越來越少,有時候我們問起,她會淡淡的說,「他很好,是有責任的男人,很穩定。」

可是同為女人,身邊的她們都能聽出這一句「穩定,是有責任的男人」背後,她隱藏著多大的壓抑和委屈,當愛情只剩下責任,「想念」小姐不再像以前一樣興高采烈地告訴她們:W有多麼多麼幽默,W是多麼討厭,每次說話都說不過W,老是被W欺負;「想念」小姐不再幸福地告訴她們,W陪她聊一夜天,W

241

第五輯　只是太愛，才有了昨天的結果

和她爭論某部影片，雙方爭論激烈。可是現在，一切幽默、討厭、欺負、爭論都不在了，只剩下安靜的穩定與責任，也許，就像一杯逐漸冷卻的白開水，慢慢地、慢慢地讓人開始懷疑起愛情當初的甜蜜和濃烈，會不會僅僅是自己的錯覺。

看到「想念」小姐臉書留言兩年來的突然變化，做為過來人，當然知道她一定經歷著什麼重大的內心挫折，於是把她約出來。咖啡館裡面，她白皙的手指把玩著精緻的陶瓷咖啡杯，下午的陽光很好，窗簾縫隙透進來的一縷陽光，正好落在她的手指上，美極了。

「想念」小姐說：「以前，W說我的手非常漂亮，總是看了又看，可是現在，他已經不再說了，他甚至都不看我的手。」

「想念」小姐喝了一口咖啡，接著說：「以前，和他在一起，即使在路邊喝一瓶礦泉水也好快樂，我們一邊走一邊說話，總有說不完的話；可是現在，一起坐在奢華的咖啡館裡面，再貴的咖啡也沒有滋味了，還沒張口，我們都知道對方會說什麼，這種熟悉，像是左手握著右手。」

「你們到底怎麼了？」我問她。

她說：「我們沒有怎麼，這才是最可怕的，一週兩次見面，我想念他，可是越來越不願意見到他，好像見到的，不再是他。走在身邊，他還是他，挺拔英俊，穩定成熟，可是他也不再是他，我們一路走著一句話也沒有，我們熟悉得好像不再需要交流，我們也不再開玩笑，不再互相取笑對方，我不再確定

> 07. 想念卻不能見的人

他還是不是他,我越來越不想見到他,我想念他,卻又不願再見到他。是不是我找錯了人,是不是我們兩人本來就不合適」?

「想念」小姐的一番話,十足讓人動容。她卻固執的說著,「男人事業忙,要多理解他,他要考慮家庭、考慮事業、考慮賺錢、考慮很多」。其實。這是一句不痛不癢的話,但要是主角換成自己,也不見得自己會相信。有的感覺找不到了,就是永遠也找不到了。

我們並不特別挑剔,眼睛沒有長在頭頂上,C有點禿頭,D有點大男子主義,E有點暴躁,但是我們都愛過他們,並且一度死心塌地,分手時候也難過的死去活來,甚至,分手後會無數次想念那個人。但是,我們知道已經再也不會見到他們了,再也不會去撥打曾經無比熟悉的號碼。

我們是否問過自己,是不是自己的問題,把愛情想的太浪漫、太美好,是不是自己太天真。於是,試著去遷就、去適應、去努力。卻發現,愛的感覺沒有了,永遠也無法勉強,最終就是痛苦多過於甜蜜。於是,開始懷疑,自己想要的愛情是不是真的存在,還是自己又一次找錯了人。

「想念」小姐說:「我想,現在還存有戀愛的記憶和溫度,只要不放棄,愛就會一直存在。每天早上醒來,第一個念想是他,刷牙洗臉,發現自己又在想他,這份思念這麼真實,說明我還愛他,可是我卻不想再見到他,害怕見到他後,那種熟悉的平淡和無語,會讓我們走上分離」。

第五輯　只是太愛，才有了昨天的結果

「想念」小姐猛的甩甩頭，接著說，「這些事很難說清楚，連安眠藥也幫不了我。我知道，必須用理智撐起自己，我甚至不敢問他，害怕一問他，牆就會倒塌。」

「想念」小姐的話讓我揪心地疼痛，我知道她是真心愛 W，所以才愛得這麼委屈，這麼隱祕，這麼細膩，即便如此，卻不想見他，當然不是不想和他在一起，其實是不想面對他。「想念」小姐保留的，是與他的那份愛的美好記憶，是戀愛的味道、相愛的感受，她害怕見到 W，自己極力保留下來曾經相愛的記憶，在平淡的歲月中，在過於熟悉的相處裡面，會逐漸淡去。所以，只有遠遠地，逃避著，遠遠地，這樣就好。

可是，愛不是僅僅這麼簡單的感覺，愛情裡面，是沒有壞人的，也許所有隱藏的感受，很難向外人道清楚，可是我們都是如此，在愛戀裡成長，這也是自己的歷練。其實，人永遠都要自己足夠堅強，沒有任何人是戀愛高手，愛情需要一輩子學習。我相信，「想念」小姐現在經歷的一切，都是為了讓她成為更好的自己。

故事聽起來似乎很戲劇性，但卻令人很有感觸。倘若故事虛構，就難以讓人情動。這就是我們人類感情的奇妙性。相比之下，那些絕情絕義之人，他們更冷血，永遠都那麼地的做作，以誇張的法則面對更加猖狂的事。所以，我更加相信和體會到「想念」小姐內心深處「想念卻不能見」的感覺是真實的，畢竟，都愛過。而那個他曾經是那麼的優秀、出色、有見

地……

　　也許，我們可以不在乎故事的內容真實性，卻一定要在乎那些曾經願意為你付出的人。很可惜的是，他們或許已經成為想念卻不能見的人。特別感謝文字，它可以傳達一些無法口說的感情，表達一些思念、悔悟、希冀……

　　想念卻不能見的人，情在心底深處埋藏多年，而文字早已成為永恆的記憶。

08. 每個人都是愛自己的人

　　每個人都是愛自己的人，不愛自己的時候，都是因為走了樣。太愛自己的時候，同樣是因為走了樣。

　　獨自坐在大腦身旁，聽著張宇的歌〈走樣〉，他那麼深情地唱道：「我用著羨慕眼光看著她，輕輕將外衣披在他肩上。那將要見底的杯，總是他一回一回添滿。他們小小的恩愛，其實我曾經在心裡千想萬盼。但在你身上，我不敢勉強，什麼時候開始一點點尋常的噓寒問暖竟然變得如此稀罕。當初我對愛情的想像，如今全都走了樣……」

　　很多次，我對自己說，該怎樣去寫一篇關於「每個人都是愛自己的人」故事，卻始終無從下筆。直到現在，聽到張宇的

第五輯　只是太愛，才有了昨天的結果

歌〈走樣〉，有了答案。其實，每個人都是愛自己的人，不愛自己的時候，都是因為走了樣。太愛自己的時候，同樣是因為走了樣。

如果說愛會帶給我們的是一種極致、爽透的體驗感覺，那我們可否給這樣的感覺量化？譬如，A+ 與 A －。其中，A+ 表示滿分，A － 表示稍遜一色。這個時候，我們再來看看分手。加在一起是滿分的體驗感覺，那分手是否就是負分的體驗感覺？換句話說，你是因為愛情走了樣，不再有當初的滿分感覺。這是不是很麻煩的事，我們總是以這樣的感覺去判斷，就會得出一個結論：每個人都是愛自己的人。

的確是這樣。每個人都是愛自己的人，而且是愛得不可理喻，愛得需要太多的附加值，所以，我們會給愛的需求一個永不滿足的值：A+。

最近，A+ 小姐遇到麻煩了，她是一個很難相處的人，會對很多小事特別在意。譬如，她會對一句無關痛癢的話進行深究，然後，搞得自己情緒特別不好。有一次，她的「受氣包」先生準備去接她回家，結果因故遲到了十多分鐘，A+ 小姐很生氣，認為對方不夠重視她，甚至是到了忽略她的程度。可是事情的真相是，那天突然下暴雨，A+ 小姐的先生順道去買了雨傘，所以中途耽擱了。這顯然是一個問題，一個天大的難題。因為，有人在相處的過程中那麼用心地付出，卻依然和相愛之人難以相處。

> 08. 每個人都是愛自己的人

　　A+ 小姐和現在的先生相處了三年。中間因為對方花心，有過一次分手，之後又陰差陽錯地數次相逢，所以復合了。讓人覺得不可思議的是，這樣的復合居然還能相濡以沫。再次的相愛，A+ 小姐自然對男人看得更緊一些。

　　當一個女人潛意識裡對眼前的男人表現出「看緊一些」的意識時，她最直接的外在表現就是會追問很多問題。譬如說，你到底愛不愛我啊！你到底要怎麼樣嘛！如果你還愛我的話，為什麼總是這樣對我，為什麼覺得我比不上外面的女人？

　　其實，這樣的問題是問題嗎？也許是，也許不是。既然選擇在一起，這些問題在決定相處之前就應該解決，而不是遺留在決定後。要知道。歷史遺留的問題，往往很難解決，往往存在復發的可能性。

　　可是真正的癥結是，A+ 小姐的先生在經歷花心風波後，已經洗心革面，不再花心，但是 A+ 小姐還是心存質疑。這是最讓人痛苦和困擾的，一個曾經犯過錯的人，當他改變了自己，卻依然要受到質疑。就好像一對很幸福的夫妻，女的卻信奉「男人靠得住，母豬會上樹」這樣的說法，你根本無法去糾正她的觀點。因為，外面的確有很多這樣的男人存在。女方會找出數不盡的、活生生的例子來證明。這簡直是一個遭難，而 A+ 小姐為其先生「製造」的麻煩就在於此。

　　某一夜，A+ 小姐躺在床上輾轉反側，無法入眠。原來，她的先生出差去了。她給閨密打電話訴苦，還發出狀況題讓閨密

第五輯　只是太愛，才有了昨天的結果

解答。這些狀況題讓閨密著實頭痛；譬如說，每一到兩個月總有那麼四、五天兩人根本無法碰面，先生很忙，不定期出差，先生的外婆身體不好，時不時需要住院，先生有時出完差，還要趕去醫院照顧老人，緊接著還有工作要執行。A+ 小姐讓閨密頭痛的問題是——

我也知道先生很忙，可是再忙，也不差那一會兒的時間，難道先見我一面有那麼難嗎？就幾分鐘而已。

閨密一時語塞，這樣的問題的確讓人頭痛，似乎怎麼回答都不合適，此刻也許沉默最適合了。其實，這可以歸結到「每個人都是愛自己的人」的結論裡。這樣去想，問題就清晰明瞭了。

在愛的世界裡，有很多麻煩都是自找的。他們也不過只是太愛自己了，太在意自己的感受了。A+ 小姐之所以成為 A+ 小姐，完全是因為她想要更多的「A+」。於是，她在這方面表現得最為淋漓盡致。她在愛裡面常以這樣的思維模式進行著「A+」式的索要——

我難道還比不上……

我在他眼裡到底算什麼？

我難道還不如外婆，是隔代更親嗎？可是我……

我重要，還是工作重要？

我能按時回家，絕不拖延，可是他……

……

> 08. 每個人都是愛自己的人

這般思維模式，這般問題，誰遇到誰頭痛。難怪 A+ 小姐的閨密語塞了，她無法回答。因為，殘酷的現實情況是這樣的：在 A+ 小姐一切正常，無災無病的情況下，上述問題的答案都是否定的。也就是說，愛情絕對不是生活的全部，而我們的生活中基本上也少不了愛情。一旦少了，很多麻煩、苦惱、困擾……就會像孫猴子一樣從石頭縫裡蹦出來，那時候，可真的要演變成「大鬧天宮」了。

其實，「我難道比不上誰」、「我在他眼裡算什麼」、「什麼更重要」等等之類的問題，它們之所以成為問題，是瑣碎的生活細節、歷史遺留下的癥結……從中作梗。本來生活已經夠讓人操心的了，本來歷史遺留下的癥結已經夠讓人困擾和缺乏安全感了，難道曾經關愛呵護先生的外婆，現在她人到暮年，身體狀況不好，不應該抽時間去照顧嗎？難道工作可以全然不出差嗎？這樣的問題是需要去理解的，而 A+ 小姐，此時此刻就應該多一些諒解，如果內心真有那麼多的不安全感，為什麼要選擇復合呢？這不是自找麻煩嗎？

絕不是要指責或偏袒一方。只是覺得，在本來已經夠麻煩的日常生活裡，我們還是別再增添麻煩了。這樣會讓事態惡化，一些無中生有、無事生非、雪上加霜的東西會像出籠的喪屍，逮著誰，誰就得被咬一口，然後病毒傳染、擴散……

這太可怕了。我們常因過去遺留的問題，太多的不安全感、太多的很在意……心裡過不去，然後，又以愛的名義驕縱

第五輯　只是太愛，才有了昨天的結果

跋扈，說些很讓人頭痛、語塞的話。譬如——

我們在一起多麼的不容易，你怎麼就那麼不珍惜呢？

為什麼你就不能……

為什麼你可以關心她，而不關心我？

PS：事實上，先生也關心過，可是他也需要關心和理解啊！

……

這些問題，我相信很多人都遇到過，我自己也曾以這樣的模式去追問為什麼。然後，自己得出答案，她——的確不夠愛我。可是真相是：在你傷心難過、需要被照顧……的時候，有那麼一個她就在你身邊。我的愛人，她也曾數落我不會照顧自己，不會買衣服，然後，我不服氣地自己去買衣服，然後回家後，她會數落我眼光太差、不會講價。這的確夠麻煩的。但後面的事才是出人意料的，幾天後我看到她親自為我買衣服，然後，要我馬上試穿，再一個勁地誇自己有眼光、有品味、會講價……. 這時候，我難道可以說，我還不如一件衣服、一種眼光……嗎？

很多時候，我們在以「為什麼」做為開場白的追問中，強迫對方一定要做到「我是足夠愛你、足夠在意你」的證明，一旦這樣的證明讓自己滿意了，才會鳴金收兵。下一次，還要繼續使用，否則，「你就是不怎麼了」、「我難道還不如……」之類的魔咒語言就會再次出現了。我見過——

> 08. 每個人都是愛自己的人

情人節的時候,因為沒有送花而分手的;

吃飯的時候,沒有幫她夾菜而幫別人(長輩、晚輩、朋友……)夾菜了,回去大吵一架的;

臨別的時候,沒有給一個擁抱,然後偷偷跟蹤的;

逛街的時候,沒有幫女的拿包,就說對方不夠愛、沒男士風度的;

……

唉!的確夠麻煩的。有一天,當這些麻煩讓人無法承受的時候,對方就會說,「算了吧!我們不適合」、「你到底要怎樣,這日子沒辦法過了」……然後,劈里啪啦,鍋碗瓢盆,破碎的聲音四起。不得不說,這就是一場「無端惹事,藉由愛的名義」而發動的戰爭。於是,分手的分手,回娘家的回娘家,尋求安慰的尋求安慰,沒事的變得有事了……

這樣看來,我們還是別鬧了吧!儘管我們每個人都是愛自己的人,但在愛自己的同時,也體諒一下別人吧!

A+小姐後來知道她的先生是因為買雨傘而遲到,她突然抱住先生,說了一句話:「老公,我真的好愛你……想不到我無形中給你施加了那麼多的壓力,對不起……」

寫到這裡,我才發現,此時的身後,我的愛人早已默默注視許久……而她,手裡正端著一杯泡好的綠茶。

我覺得,這樣一篇關於「每個人都是愛自己的人」的寫作過

第五輯　只是太愛，才有了昨天的結果

程何嘗不是自己的一次洗禮。

每個人都是愛自己的人，都是想要別人對自己好的人。既然如此，我們還是自由地去愛，不要再給愛添麻煩了，尤其是以愛的名義。想想眼前的那個他或者她，在一些被你忽視的細節中，有沒有愛的傳達、付出……要相信，這絕對是一個引人向上、發現美好、自在快樂的享受過程。唯有這樣才是真正的愛自己，也愛別人。唯有這樣才是你好，我也好！

08. 每個人都是愛自己的人

國家圖書館出版品預行編目資料

當愛已走到盡頭，別在回憶中尋找出口：從最初的甜蜜到最後的孤寂，「過來人」細訴如何在愛裡找回自己 / 時曼娟 著. -- 第一版. -- 臺北市：崧燁文化事業有限公司, 2024.10
面；　公分
POD 版
ISBN 978-626-394-891-4(平裝)
1.CST: 戀愛心理學 2.CST: 兩性關係
544.37014　　　　　　113014018

電子書購買

爽讀 APP

臉書

當愛已走到盡頭，別在回憶中尋找出口：從最初的甜蜜到最後的孤寂，「過來人」細訴如何在愛裡找回自己

作　　　者：時曼娟
發 行 人：黃振庭
出 版 者：崧燁文化事業有限公司
發 行 者：崧燁文化事業有限公司
E - m a i l：sonbookservice@gmail.com
粉 絲 頁：https://www.facebook.com/sonbookss
網　　　址：https://sonbook.net/
地　　　址：台北市中正區重慶南路一段 61 號 8 樓
8F., No.61, Sec. 1, Chongqing S. Rd., Zhongzheng Dist., Taipei City 100, Taiwan
電　　　話：(02) 2370-3310　　傳　　　真：(02) 2388-1990
印　　　刷：京峯數位服務有限公司
律師顧問：廣華律師事務所 張珮琦律師

-版權聲明

本書版權為出版策劃人：孔寧所有授權崧博出版事業有限公司獨家發行電子書及繁體書繁體字版。若有其他相關權利及授權需求請與本公司聯繫。
未經書面許可，不得複製、發行。

定　　　價：350 元
發行日期：2024 年 10 月第一版
◎本書以 POD 印製
Design Assets from Freepik.com